Jeder Atemzug für dich

Jeder Atemzug für dich

Die 100 beliebtesten deutschen Liebesgedichte

Herausgegeben von
Dirk Ippen
unter Mitwirkung von
Philip Laubach-Kiani
und Philip Ajouri

Verlag C.H.Beck

2. Auflage 2003

© Verlag C.H.Beck oHG, München 2003
Gesetzt aus der Baskerville-Antiqua
im Verlag C.H.Beck
Druck und Einband: Friedrich Pustet, Regensburg
Umschlagentwurf: Fritz Lüdtke, Atelier 59, München
Umschlagbild: Auguste Renoir, Rosen (AKG)
Gedruckt auf säurefreiem, alterungsbeständigem Papier
(hergestellt aus chlorfrei gebleichtem Zellstoff)
Printed in Germany
ISBN 3 406 50352 7

www.beck.de

Vorwort

Die Liebe gehört zu den Ur-Themen der Dichtung: das Gedicht als Liebeserklärung, als Ausdruck unstillbarer Sehnsucht, als Form der Trauer über den Verlust des Partners oder als kunstvolles Spiel mit dem Liebes-thema. Mal sprechen aus den Versen Leidenschaft und Schmerz, mal begegnen sie uns ironisch abgeklärt und doch niemals lieblos. Die hier versammelten Liebesge-dichte sind daher facettenreich wie die Liebe selbst.

Die Auswahl erfolgte so objektiv wie möglich, indem die populärsten Lyriksammlungen des 20. Jahrhunderts systematisch ausgewertet wurden. Die Liebesgedichte, die in ihnen am häufigsten vertreten sind, wurden in die vorliegende Sammlung aufgenommen. Es handelt sich bei ihnen um die meistgelesenen Liebesgedichte deutscher Sprache. Bewährt hat sich diese statistische Methode bereits in dem Band *Des Sommers letzte Rosen. Die 100 beliebtesten deutschen Gedichte.* Wie er versammelt auch *Jeder Atemzug für dich* auf diese Weise Gedichte aus allen Epochen, vom Mittelalter bis zur Moderne.

Vermutlich sprechen uns die Verse eines Liebesge-dichts am unmittelbarsten an, wenn sie uns für einen Moment lang denken lassen: «Ja, genau so ist es!», oder im unglücklicheren Fall: «So war es.» Dann teilen uns Gedichte mit, was es heißt, wirklich und von ganzem Her-zen zu lieben. «Ganz war mein Herz an deiner Seite, / Und jeder Atemzug für dich» – diese Verse aus Goethes Gedicht *Willkommen und Abschied* sind von dieser bemer-kenswerten Unmittelbarkeit. Und so ist diese Anthologie nicht zuletzt ein Vademecum für alle Liebenden!

Die Herausgeber   München, im Dezember 2002

Hugo von Hofmannsthal

Die Beiden

Sie trug den Becher in der Hand
– Ihr Kinn und Mund glich seinem Rand –,
So leicht und sicher war ihr Gang,
Kein Tropfen aus dem Becher sprang.

So leicht und fest war seine Hand:
Er ritt auf einem jungen Pferde,
Und mit nachlässiger Gebärde
Erzwang er, daß es zitternd stand.

Jedoch, wenn er aus ihrer Hand
Den leichten Becher nehmen sollte,
So war es beiden allzu schwer:

Denn beide bebten sie so sehr,
Daß keine Hand die andre fand
Und dunkler Wein am Boden rollte.

Dû bist mîn

‹Dû bist mîn, ich bin dîn:
des solt dû gewis sîn.
dû bist beslozzen
in mînem herzen:
verlorn ist daz slüzzelîn:
dû muost immer drinne sîn.›

‹Du bist mein, ich bin dein:
dessen sollst du gewiß sein.
Du bist verschlossen
in meinem Herzen:
verloren ist das Schlüsselein:
du mußt für immer drinnen sein.›

Übersetzung von Max Wehrli

BERTOLT BRECHT

Erinnerung an die Marie A.

1

An jenem Tag im blauen Mond September
Still unter einem jungen Pflaumenbaum
Da hielt ich sie, die stille bleiche Liebe
In meinem Arm wie einen holden Traum.
Und über uns im schönen Sommerhimmel
War eine Wolke, die ich lange sah
Sie war sehr weiß und ungeheuer oben
Und als ich aufsah, war sie nimmer da.

2

Seit jenem Tag sind viele, viele Monde
Geschwommen still hinunter und vorbei
Die Pflaumenbäume sind wohl abgehauen
Und fragst du mich, was mit der Liebe sei?
So sag ich dir: Ich kann mich nicht erinnern.
Und doch, gewiß, ich weiß schon, was du meinst
Doch ihr Gesicht, das weiß ich wirklich nimmer
Ich weiß nur mehr: Ich küßte es dereinst.

3

Und auch den Kuß, ich hätt ihn längst vergessen
Wenn nicht die Wolke da gewesen wär
Die weiß ich noch und werd ich immer wissen
Sie war sehr weiß und kam von oben her.
Die Pflaumenbäume blühn vielleicht noch immer
Und jene Frau hat jetzt vielleicht das siebte Kind
Doch jene Wolke blühte nur Minuten
Und als ich aufsah, schwand sie schon im Wind.

ELSE LASKER-SCHÜLER

Ein alter Tibetteppich

Deine Seele, die die meine liebet
Ist verwirkt mit ihr im Teppichtibet

Strahl in Strahl, verliebte Farben,
Sterne, die sich himmellang umwarben.

Unsere Füsse ruhen auf der Kostbarkeit
Maschentausendabertausendweit.

Süsser Lamasohn auf Moschuspflanzentron
Wie lange küsst dein Mund den meinen wohl
Und Wang die Wange buntgeknüpfte Zeiten schon.

DER VON KÜRENBERG

Ich zôch mir einen valken

‹Ich zôch mir einen valken   mêre danne ein jâr.
dô ich in gezamete   als ich in wolte hân
und ich im sîn gevidere   mit golde wol bewant,
er huop sich ûf vil hôhe   und floug in anderiu lant.

Sît sach ich den valken   schône fliegen:
er fuorte an sînem fuoze   sîdîne riemen,
und was im sîn gevidere   alrôt guldîn.
got sende si zesamene   die gerne geliep wellen sîn!›

‹Ich zog mir einen Falken länger als ein Jahr.
Als ich ihn gezähmt, wie ich ihn haben wollte,
und sein Gefieder mit Gold geschmückt hatte,
hob er sich hoch auf und flog davon.

Seither sah ich den Falken schön fliegen:
er führte an seinem Fuße seidene Fesseln
und sein Gefieder war ganz rotgolden.
Gott sende sie zusammen, die einander gerne
    liebhaben wollen.›

Übersetzung von Max Wehrli

Tristan

Wer die Schönheit angeschaut mit Augen,
Ist dem Tode schon anheimgegeben,
Wird für keinen Dienst auf Erden taugen,
Und doch wird er vor dem Tode beben,
Wer die Schönheit angeschaut mit Augen!

Ewig währt für ihn der Schmerz der Liebe,
Denn ein Tor nur kann auf Erden hoffen,
Zu genügen einem solchen Triebe:
Wen der Pfeil des Schönen je getroffen,
Ewig währt für ihn der Schmerz der Liebe!

Ach, er möchte wie ein Quell versiechen,
Jedem Hauch der Luft ein Gift entsaugen
Und den Tod aus jeder Blume riechen:
Wer die Schönheit angeschaut mit Augen,
Ach, er möchte wie ein Quell versiechen!

Johann Wolfgang von Goethe

Willkommen und Abschied

Es schlug mein Herz; geschwind zu Pferde!
Es war getan fast eh' gedacht;
Der Abend wiegte schon die Erde,
Und an den Bergen hing die Nacht:
Schon stand im Nebelkleid die Eiche,
Ein aufgetürmter Riese, da,
Wo Finsternis aus dem Gesträuche
Mit hundert schwarzen Augen sah.

Der Mond von einem Wolkenhügel
Sah kläglich aus dem Duft hervor,
Die Winde schwangen leise Flügel,
Umsaus'ten schauerlich mein Ohr;
Die Nacht schuf tausend Ungeheuer;
Doch frisch und fröhlich war mein Mut:
In meinen Adern welches Feuer!
In meinem Herzen welche Glut!

Dich sah ich, und die milde Freude
Floß von dem süßen Blick auf mich;
Ganz war mein Herz an deiner Seite,
Und jeder Atemzug für dich.
Ein rosenfarbnes Frühlingswetter
Umgab das liebliche Gesicht,
Und Zärtlichkeit für mich – Ihr Götter!
Ich hofft' es, ich verdient' es nicht!

Doch ach! schon mit der Morgensonne
Verengt der Abschied mir das Herz:
In deinen Küssen, welche Wonne!
In deinem Auge, welcher Schmerz!

Ich ging, du standst und sahst zur Erden,
Und sahst mir nach mit nassem Blick:
Und doch, welch Glück geliebt zu werden!
Und lieben, Götter, welch ein Glück!

JOSEPH VON EICHENDORFF

Lied

In einem kühlen Grunde,
Da geht ein Mühlenrad,
Mein' Liebste ist verschwunden,
Die dort gewohnet hat.

Sie hat mir Treu versprochen,
Gab mir ein'n Ring dabei,
Sie hat die Treu gebrochen,
Mein Ringlein sprang entzwei.

Ich möcht' als Spielmann reisen
Weit in die Welt hinaus,
Und singen meine Weisen
Und gehn von Haus zu Haus.

Ich möcht' als Reiter fliegen
Wohl in die blut'ge Schlacht,
Um stille Feuer liegen
Im Feld bei dunkler Nacht.

Hör' ich das Mühlrad gehen,
Ich weiß nicht, was ich will,
Ich möcht' am liebsten sterben,
Da wär's auf einmal still.

JOHANN WOLFGANG VON GOETHE

Heidenröslein

Sah ein Knab' ein Röslein stehn,
Röslein auf der Heiden,
War so jung und morgenschön,
Lief er schnell es nah zu sehn,
Sah's mit vielen Freuden.
Röslein, Röslein, Röslein rot,
Röslein auf der Heiden.

Knabe sprach: ich breche dich,
Röslein auf der Heiden!
Röslein sprach: ich steche dich,
Daß du ewig denkst an mich,
Und ich will's nicht leiden.
Röslein, Röslein, Röslein rot,
Röslein auf der Heiden.

Und der wilde Knabe brach
's Röslein auf der Heiden;
Röslein wehrte sich und stach,
Half ihr doch kein Weh und Ach,
Mußt' es eben leiden.
Röslein, Röslein, Röslein rot,
Röslein auf der Heiden.

Under der linden

‹Under der linden
an der heide,
dâ unser zweier bette was,
dâ mugt ir vinden
schône beide
gebrochen bluomen unde gras.
vor dem walde in einem tal,
tandaradei,
       schône sanc diu nahtegal.

Ich kam gegangen
zuo der ouwe:
dô was mîn friedel komen ê.
dâ wart ich enpfangen,
hêre frouwe,
daz ich bin sælic iemer mê.
kuster mich? wol tûsentstunt:
tandaradei,
       seht wie rôt mir ist der munt.

Dô het er gemachet
alsô rîche
von bluomen eine bettestat.
des wirt noch gelachet
inneclîche,
kumt iemen an daz selbe pfat.
bî den rôsen er wol mac,
tandaradei,
       merken wâ mirz houbet lac.

Daz er bî mir læge,
wessez iemen
(nu enwelle got!), sô schamt ich mich.
wes er mit mir pflæge,
niemer niemen
bevinde daz, wan er unde ich,
und ein kleinez vogellîn:
tandaradei,
    daz mac wol getriuwe sîn.›

‹Unter der Linde,
auf der Heide,
da unser beider Lager war,
da könnt ihr schön
gebrochen finden
die Blumen und das Gras.
Vor dem Wald in einem Tal –
tandaradei –
    sang schön die Nachtigall.

Ich kam gegangen
zu der Aue:
da war mein Liebster schon gekommen.
Da ward ich empfangen –
Gnädige Jungfrau! –,
daß ich für immer glücklich bin.
Ob er mich küßte? Wohl tausendmal:
tandaradei –
    seht, wie rot ist mir der Mund!

Da hat er gemacht
so prächtig
ein Bett von Blumen.
Da lacht noch mancher
herzlich,

kommt er jenen Pfad daher.
An den Rosen mag er wohl –
tandaradei –
    merken, wo das Haupt mir lag.

Daß er bei mir lag –
wüßte es jemand
(das verhüte Gott!), so schäm ich mich.
Wie er mit mir war,
niemals, niemand
erfahre das als er und ich
und ein kleines Vögelchen,
tandaradei –
    das kann wohl verschwiegen sein.›

Übersetzung von Max Wehrli

ERICH KÄSTNER

Sachliche Romanze

Als sie einander acht Jahre kannten
(und man darf sagen: sie kannten sich gut),
kam ihre Liebe plötzlich abhanden.
Wie andern Leuten ein Stock oder Hut.

Sie waren traurig, betrugen sich heiter,
versuchten Küsse, als ob nichts sei,
und sahen sich an und wußten nicht weiter.
Da weinte sie schließlich. Und er stand dabei.

Vom Fenster aus konnte man Schiffen winken.
Er sagte, es wäre schon Viertel nach Vier
und Zeit, irgendwo Kaffee zu trinken.
Nebenan übte ein Mensch Klavier.

Sie gingen ins kleinste Café am Ort
und rührten in ihren Tassen.
Am Abend saßen sie immer noch dort.
Sie saßen allein, und sie sprachen kein Wort
und konnten es einfach nicht fassen.

CLEMENS BRENTANO

Der Spinnerin Nachtlied

Es sang vor langen Jahren
Wohl auch die Nachtigall,
Das war wohl süßer Schall,
Da wir zusammen waren.

Ich sing' und kann nicht weinen,
Und spinne so allein
Den Faden klar und rein
So lang der Mond wird scheinen.

Als wir zusammen waren
Da sang die Nachtigall
Nun mahnet mich ihr Schall
Daß du von mir gefahren.

So oft der Mond mag scheinen,
Denk' ich wohl dein allein,
Mein Herz ist klar und rein,
Gott wolle uns vereinen.

Seit du von mir gefahren,
Singt stets die Nachtigall,
Ich denk' bei ihrem Schall,
Wie wir zusammen waren.

Gott wolle uns vereinen
Hier spinn' ich so allein,
Der Mond scheint klar und rein,
Ich sing' und möchte weinen.

Das verlassene Mägdlein

Früh, wann die Hähne krähn,
Eh die Sternlein verschwinden,
Muß ich am Herde stehn,
Muß Feuer zünden.

Schön ist der Flammen Schein,
Es springen die Funken;
Ich schaue so drein,
In Leid versunken.

Plötzlich, da kommt es mir,
Treuloser Knabe,
Daß ich die Nacht von dir
Geträumet habe.

Träne auf Träne dann
Stürzet hernieder;
So kommt der Tag heran –
O ging er wieder!

BERTOLT BRECHT

Terzinen über die Liebe

Sieh jene Kraniche in großem Bogen!
Die Wolken, welche ihnen beigegeben
Zogen mit ihnen schon, als sie entflogen

Aus einem Leben in ein andres Leben.
In gleicher Höhe und mit gleicher Eile
Scheinen sie alle beide nur daneben.

Daß also keines länger hier verweile
Daß so der Kranich mit der Wolke teile
Den schönen Himmel, den sie kurz befliegen

Und keines andres sehe als das Wiegen
Des andern in dem Wind, den beide spüren
Die jetzt im Fluge beieinander liegen.

So mag der Wind sie in das Nichts entführen;
Wenn sie nur nicht vergehen und sich bleiben
So lange kann sie beide nichts berühren

So lange kann man sie von jedem Ort vertreiben
Wo Regen drohen oder Schüsse schallen.
So unter Sonn und Monds wenig verschiedenen Scheiben

Fliegen sie hin, einander ganz verfallen.

Wohin, ihr?
        Nirgendhin.

Von wem entfernt?
        Von allen.

Ihr fragt, wie lange sind sie schon beisammen?
Seit kurzem.
           Und wann werden sie sich trennen?
                                        Bald.
So scheint die Liebe Liebenden ein Halt.

Frage und Antwort

Fragst du mich, woher die bange
Liebe mir zum Herzen kam,
Und warum ich ihr nicht lange
Schon den bittern Stachel nahm?

Sprich, warum mit Geisterschnelle
Wohl der Wind die Flügel rührt,
Und woher die süße Quelle
Die verborgnen Wasser führt?

Banne du auf seiner Fährte
Mir den Wind in vollem Lauf!
Halte mit der Zaubergerte
Du die süßen Quellen auf!

Gefunden

Ich ging im Walde
So für mich hin,
Und nichts zu suchen
Das war mein Sinn.

Im Schatten sah' ich
Ein Blümchen stehn,
Wie Sterne leuchtend,
Wie Äuglein schön.

Ich wollt' es brechen;
Da sagt' es fein:
Soll ich zum Welken
Gebrochen sein?

Ich grub's mit allen
Den Würzlein aus,
Zum Garten trug ich's
Am hübschen Haus.

Und pflanzt es wieder
Am stillen Ort;
Nun zweigt es immer
Und blüht so fort.

FRIEDRICH GOTTLIEB KLOPSTOCK

Das Rosenband

Im Frühlingsschatten fand ich sie;
Da band ich sie mit Rosenbändern:
Sie fühlt' es nicht, und schlummerte.

Ich sah sie an; mein Leben hing
Mit diesem Blick an ihrem Leben:
Ich fühlt' es wohl, und wußt' es nicht.

Doch lispelt' ich ihr sprachlos zu,
Und rauschte mit den Rosenbändern:
Da wachte sie vom Schlummer auf.

Sie sah mich an; ihr Leben hing
Mit diesem Blick an meinem Leben,
Und um uns ward's Elysium.

ACHIM VON ARNIM

Mir ist zu licht zum Schlafen

Mir ist zu licht zum Schlafen,
Der Tag bricht in die Nacht
Die Seele ruht im Hafen
Ich bin so froh verwacht.

Ich hauchte meine Seele
Im ersten Kusse aus,
Was ist's, daß ich mich quäle,
Ob sie auch fand ein Haus.

Sie hat es wohl gefunden,
Auf ihren Lippen schön,
O welche sel'ge Stunden,
Wie ist mir so geschehn.

Was soll ich nun noch sehen,
Ach alles ist in ihr,
Was fühlen, was erflehen,
Es ward ja alles mir.

Ich habe was zu sinnen,
Ich hab', was mich beglückt,
In allen meinen Sinnen
Bin ich von ihr entzückt.

ANNETTE VON DROSTE-HÜLSHOFF

Im Grase

Süße Ruh', süßer Taumel im Gras,
Von des Krautes Arom umhaucht,
Tiefe Flut, tief, tief trunkne Flut,
Wenn die Wolk' am Azure verraucht,
Wenn aufs müde schwimmende Haupt
Süßes Lachen gaukelt herab,
Liebe Stimme säuselt und träuft
Wie die Lindenblüt' auf ein Grab.

Wenn im Busen die Toten dann
Jede Leiche sich streckt und regt,
Leise, leise den Odem zieht,
Die geschloßne Wimper bewegt,
Tote Lieb', tote Lust, tote Zeit,
All die Schätze, im Schutt verwühlt,
Sich berühren mit schüchternem Klang
Gleich den Glöckchen, vom Winde umspielt.

Stunden, flücht'ger ihr als der Kuß
Eines Strahls auf den trauernden See,
Als des zieh'nden Vogels Lied,
Das mir niederperlt aus der Höh',
Als des schillernden Käfers Blitz
Wenn den Sonnenpfad er durcheilt,
Als der flücht'ge Druck einer Hand,
Die zum letzten Male verweilt.

Dennoch, Himmel, immer mir nur
Dieses Eine nur: für das Lied
Jedes freien Vogels im Blau
Eine Seele, die mit ihm zieht,

Nur für jeden kärglichen Strahl
Meinen farbig schillernden Saum,
Jeder warmen Hand meinen Druck
Und für jedes Glück meinen Traum.

HEINRICH HEINE

Der Asra

Täglich ging die wunderschöne
Sultanstochter auf und nieder
Um die Abendzeit am Springbrunn,
Wo die weißen Wasser plätschern.

Täglich stand der junge Sklave
Um die Abendzeit am Springbrunn,
Wo die weißen Wasser plätschern;
Täglich ward er bleich und bleicher.

Eines Abends trat die Fürstin
Auf ihn zu mit raschen Worten:
Deinen Namen will ich wissen,
Deine Heimat, deine Sippschaft!

Und der Sklave sprach: ich heiße
Mohamet, ich bin aus Yemmen,
Und mein Stamm sind jene Asra,
Welche sterben wenn sie lieben.

RAINER MARIA RILKE

Liebes-Lied

WIE soll ich meine Seele halten, daß
sie nicht an deine rührt? Wie soll ich sie
hinheben über dich zu andern Dingen?
Ach gerne möcht ich sie bei irgendwas
Verlorenem im Dunkel unterbringen
an einer fremden stillen Stelle, die
nicht weiterschwingt, wenn deine Tiefen schwingen.
Doch alles, was uns anrührt, dich und mich,
nimmt uns zusammen wie ein Bogenstrich,
der aus zwei Saiten *eine* Stimme zieht.
Auf welches Instrument sind wir gespannt?
Und welcher Geiger hat uns in der Hand?
O süßes Lied.

GEORG HEYM

Deine Wimpern, die langen

An Hildegard K.

Deine Wimpern, die langen,
Deiner Augen dunkele Wasser,
Laß mich tauchen darein,
Laß mich zur Tiefe gehn.

Steigt der Bergmann zum Schacht
Und schwankt seine trübe Lampe
Über der Erze Tor,
Hoch an der Schattenwand,

Sieh, ich steige hinab,
In deinem Schoß zu vergessen,
Fern, was von oben dröhnt,
Helle und Qual und Tag.

An den Feldern verwächst,
Wo der Wind steht, trunken vom Korn,
Hoher Dorn, hoch und krank
Gegen das Himmelsblau.

Gib mir die Hand,
Wir wollen einander verwachsen,
Einem Wind Beute,
Einsamer Vögel Flug,

Hören im Sommer
Die Orgel der matten Gewitter,
Baden in Herbsteslicht,
Am Ufer des blauen Tags.

Manchmal wollen wir stehn
Am Rand des dunkelen Brunnens,
Tief in die Stille zu sehn,
Unsere Liebe zu suchen.

Oder wir treten hinaus
Vom Schatten der goldenen Wälder,
Groß in ein Abendrot,
Das dir berührt sanft die Stirn.

Göttliche Trauer,
Schweige der ewigen Liebe.
Hebe den Krug herauf,
Trinke den Schlaf.

Einmal am Ende zu stehen,
Wo Meer in gelblichen Flecken
Leise schwimmt schon herein
Zu der September Bucht.

Oben zu ruhn
Im Hause der durstigen Blumen,
Über die Felsen hinab
Singt und zittert der Wind.

Doch von der Pappel,
Die ragt im Ewigen Blauen,
Fällt schon ein braunes Blatt,
Ruht auf dem Nacken dir aus.

Matthias Claudius

Die Liebe

Die Liebe hemmet nichts; sie kennt nicht Tür noch Riegel,
  Und dringt durch alles sich;
Sie ist ohn Anbeginn, schlug ewig ihre Flügel,
  Und schlägt sie ewiglich.

ANONYM

Es ist ein Schnee gefallen

Es ist ein Schnee gefallen,
Und ist es doch nit Zeit,
Man wirft mich mit den Ballen,
Der Weg ist mir verschneit.

Mein Haus hat keinen Giebel,
Es ist mir worden alt,
Zerbrochen sind die Riegel,
Mein Stüblein ist mir kalt.

Ach Lieb, laß dich erbarmen,
Daß ich so elend bin,
Und schleuß mich in dein Arme,
So fährt der Winter dahin.

CHRISTIAN HOFFMANN VON HOFFMANNSWALDAU

Vergänglichkeit der Schönheit

Es wird der bleiche Tod mit seiner kalten Hand
Dir endlich mit der Zeit um deine Brüste streichen,
Der liebliche Korall der Lippen wird verbleichen,
Der Schultern warmer Schnee wird werden kalter Sand;

Der Augen süßer Blitz, die Kräfte deiner Hand,
Für welchen solches fällt, die werden zeitlich weichen.
Das Haar, das itzund kann des Goldes Glanz erreichen,
Tilgt endlich Tag und Jahr als ein gemeines Band.

Der wohlgesetzte Fuß, die lieblichen Gebärden,
Die werden teils zu Staub, teils nichts und nichtig werden,
Denn opfert keiner mehr der Gottheit deiner Pracht.

Dies und noch mehr als dies muß endlich untergehen.
Dein Herze kann allein zu aller Zeit bestehen,
Dieweil es die Natur aus Diamant gemacht.

THEODOR STORM

Hyazinthen

Fern hallt Musik; doch hier ist stille Nacht,
Mit Schlummerduft anhauchen mich die Pflanzen;
Ich habe immer, immer dein gedacht,
Ich möchte schlafen; aber du mußt tanzen.

Es hört nicht auf, es ras't ohn' Unterlaß;
Die Kerzen brennen und die Geigen schreien,
Es teilen und es schließen sich die Reihen,
Und Alle glühen; aber du bist blaß.

Und du mußt tanzen; fremde Arme schmiegen
Sich an dein Herz; o leide nicht Gewalt!
Ich seh' dein weißes Kleid vorüberfliegen
Und deine leichte, zärtliche Gestalt. – –

Und süßer strömend quillt der Duft der Nacht
Und träumerischer aus dem Kelch der Pflanzen.
Ich habe immer, immer dein gedacht;
Ich möchte schlafen; aber du mußt tanzen.

BÖRRIES FREIHERR VON MÜNCHHAUSEN

Ballade vom Brennesselbusch

Liebe fragte Liebe: «Was ist noch nicht mein?»
Sprach zur Liebe Liebe: «Alles, alles dein!»
Liebe küßte Liebe: «Liebste, liebst du mich?»
Küßte Liebe Liebe: «Ewig, ewiglich!» – –

Hand in Hand hernieder stieg er mit Maleen
Von dem Heidehügel, wo die Nesseln stehn,
Eine Nessel brach er, gab er ihrer Hand,
Zu der Liebsten sprach er: «Uns brennt heißrer Brand!

Lippe glomm auf Lippe, bis die Lust zum Schmerz,
Bis der Atem stockte, brannte Herz an Herz,
Darum, wo nur Nesseln stehn am Straßenrand,
Wolln wir daran denken, was uns heute band!» –

Spricht von Treu die Liebe, sagt sie ‹ewig› nur, –
Ach, die Treu am Mittag gilt nur bis zwölf Uhr,
Treue gilt am Abend, bis die Nacht begann –
Und doch weiß ich Herzen, die verbluten dran.

Krieg verschlug das Mädchen, wie ein Blatt verweht,
Das im Wind die Wege fremder Koppeln geht,
Und ihr lieber Liebster stieg zum Königsthron,
Eine Königstochter nahm der Königssohn. –

Sieben Jahre gingen, und die Nessel stand
Sieben Jahr an jedem deutschen Straßenrand,
Wer hat Treu gehalten? Gott alleine weiß,
Ob nicht wunde Treue brennet doppelt heiß!

Bei der Jagd im Walde stand mit schwerem Sinn,
Stand am Knick der König bei der Königin,
Nesselblatt zum Munde hob er wie gebannt,
Und die Lippe brannte, wie sie einst gebrannt:

«Brennettelbusch,
Brennettelbusch so kleene,
Wat steihst du so alleene!
Brennettelbusch,
Wo is myn Tyd' eblewen,
Un wo is myn Maleen?»

«Sprichst mit fremder Zunge?» frug die Königin.
«So sang ich als Junge», sprach er vor sich hin.
Heim sie ritten schweigend, Abend hing im Land, –
Seine Lippen brannten, wie sie einst gebrannt!

Durch den Garten streifte still die Königin,
Zu der Magd am Flusse trat sie heimlich hin,
Welche Wäsche spülte noch im Sternenlicht,
Tränen sahn die Sterne auf der Magd Gesicht:

«Brennettelbusch,
Brennettelbusch so kleene,
Wat steihst du so alleene!
Brennettelbusch,
Ik hev de Tyd 'eweten,
Dar was ik nich alleen!»

Sprach die Dame leise: «Sah ich dein Gesicht
Unter dem Gesinde? Nein, ich sah es nicht!»
Sprach das Mädchen leiser: «Konntest es nicht sehn,
Gestern bin ich kommen, und ich heiß Maleen!» –

Viele Wellen wallen weit ins graue Meer,
Eilig sind die Wellen, ihre Hände leer,
Eine schleicht so langsam mit den Schwestern hin,
Trägt in nassen Armen eine Königin. – –

Liebe fragte Liebe: «Sag, weshalb du weinst?»
Raunte Lieb zur Liebe: «Heut ist nicht mehr einst!»
Liebe klagte Liebe: «Ists nicht wie vorher?»
Sprach zur Liebe Liebe: «Nimmer – nimmermehr.»

Schließe mir die Augen beide

Schließe mir die Augen beide
Mit den lieben Händen zu!
Geht doch Alles, was ich leide,
Unter deiner Hand zur Ruh'.
Und wie leise sich der Schmerz
Well' um Welle schlafen leget,
Wie der letzte Schlag sich reget,
Füllest du mein ganzes Herz.

Johann Wolfgang von Goethe

Warum gabst du uns die Tiefen Blicke

Warum gabst du uns die Tiefen Blicke
Unsre Zukunft ahndungsvoll zu schaun
Unsrer Liebe, unserm Erdenglücke
Wähnend selig nimmer hinzutraun?
Warum gabst uns Schicksal die Gefühle
Uns einander in das Herz zu sehn,
Um durch all die seltenen Gewühle
Unser wahr Verhältnis auszuspähn.

Ach so viele tausend Menschen kennen
Dumpf sich treibend kaum ihr eigen Herz,
Schweben zwecklos hin und her und rennen
Hoffnungslos in unversehnem Schmerz,
Jauchzen wieder wenn der schnellen Freuden
Unerwarte Morgenröte tagt.
Nur uns Armen liebevollen beiden
Ist das wechselseitge Glück versagt
Uns zu lieben ohn uns zu verstehen,
In dem Andern sehn was er nie war
Immer frisch auf Traumglück auszugehen
Und zu schwanken auch in Traumgefahr.

Glücklich den ein leerer Traum beschäftigt!
Glücklich dem die Ahndung eitel wär!
Jede Gegenwart und jeder Blick bekräftigt
Traum und Ahndung leider uns noch mehr.
Sag was will das Schicksal uns bereiten?
Sag wie band es uns so rein genau?
Ach du warst in abgelebten Zeiten
Meine Schwester oder meine Frau.

Kanntest jeden Zug in meinem Wesen,
Spähtest wie die reinste Nerve klingt,
Konntest mich mit Einem Blicke lesen
Den so schwer ein sterblich Aug durchdringt.
Tropftest Mäßigung dem heißen Blute,
Richtetest den wilden irren Lauf,
Und in deinen Engelsarmen ruhte
Die zerstörte Brust sich wieder auf,
Hieltest zauberleicht ihn angebunden
Und vergaukeltest ihm manchen Tag.
Welche Seligkeit glich jenen Wonnestunden,
Da er dankbar dir zu Füßen lag.
Fühlt sein Herz an deinem Herzen schwellen,
Fühlte sich in deinem Auge gut,
Alle seine Sinnen sich erhellen
Und beruhigen sein brausend Blut.

Und von allem dem schwebt ein Erinnern
Nur noch um das ungewisse Herz
Fühlt die alte Wahrheit ewig gleich im Innern,
Und der neue Zustand wird ihm Schmerz.
Und wir scheinen uns nur halb beseelet
Dämmernd ist um uns der hellste Tag.
Glücklich daß das Schicksal das uns quälet
Uns doch nicht verändern mag.

An die Geliebte

Wenn ich, von deinem Anschaun tief gestillt,
Mich stumm an deinem heilgen Wert vergnüge,
Dann hör ich recht die leisen Atemzüge
Des Engels, welcher sich in dir verhüllt.

Und ein erstaunt, ein fragend Lächeln quillt
Auf meinem Mund, ob mich kein Traum betrüge,
Daß nun in dir, zu ewiger Genüge,
Mein kühnster Wunsch, mein einzger, sich erfüllt?

Von Tiefe dann zu Tiefen stürzt mein Sinn,
Ich höre aus der Gottheit nächtger Ferne
Die Quellen des Geschicks melodisch rauschen.

Betäubt kehr ich den Blick nach oben hin,
Zum Himmel auf – da lächeln alle Sterne;
Ich kniee, ihrem Lichtgesang zu lauschen.

CHRISTIAN HOFFMANN VON HOFFMANNSWALDAU

Wo sind die Stunden

Wo sind die Stunden
Der süßen Zeit,
Da ich zuerst empfunden,
Wie deine Lieblichkeit
Mich dir verbunden?
Sie sind verrauscht. Es bleibet doch dabei,
Daß alle Lust vergänglich sei.

Das reine Scherzen,
So mich ergetzt
Und in dem tiefen Herzen
Sein Merkmal eingesetzt,
Läßt mich in Schmerzen.
Du hast mir mehr als deutlich kundgetan,
Daß Freundlichkeit nicht ankern kann.

Das Angedenken
Der Zuckerlust
Will mich in Angst versenken.
Es will verdammte Kost
Uns zeitlich kränken.
Was man geschmeckt und nicht mehr schmecken soll,
Ist freudenleer und jammervoll.

Empfangne Küsse,
Ambrierter Saft
Verbleibt nicht lange süße
Und kommt von aller Kraft;
Verrauschte Flüsse
Erquicken nicht. Was unsern Geist erfreut,
Entspringt aus Gegenwärtigkeit.

Ich schwamm in Freude,
Der Liebe Hand
Spann mir ein Kleid von Seide;
Das Blatt hat sich gewandt,
Ich geh im Leide,
Ich wein itzund, daß Lieb und Sonnenschein
Stets voller Angst und Wolken sein.

JOHANN WOLFGANG VON GOETHE

Ach! um deine feuchten Schwingen
(Suleika)

Ach! um deine feuchten Schwingen,
West, wie sehr ich dich beneide:
Denn du kannst ihm Kunde bringen
Was ich in der Trennung leide.

Die Bewegung deiner Flügel
Weckt im Busen stilles Sehnen,
Blumen, Augen, Wald und Hügel
Stehn bey deinem Hauch in Thränen.

Doch dein mildes sanftes Wehen
Kühlt die wunden Augenlieder;
Ach für Leid müßt' ich vergehen,
Hofft' ich nicht zu sehn ihn wieder.

Eile denn zu meinem Lieben,
Spreche sanft zu seinem Herzen;
Doch vermeid' ihn zu betrüben
Und verbirg ihm meine Schmerzen.

Sag ihm, aber sag's bescheiden:
Seine Liebe sey mein Leben,
Freudiges Gefühl von beyden
Wird mir seine Nähe geben.

MARTIN OPITZ

Ach Liebste, laß uns eilen
Lied, im Ton: Ma belle je vous prie

Ach Liebste, laß uns eilen,   Wir haben Zeit:
Es schadet das Verweilen   Uns beiderseit.
Der schönen Schönheit Gaben   Fliehn Fuß für Fuß,
Daß alles, was wir haben,   Verschwinden muß.
Der Wangen Zier verbleichet,   Das Haar wird greis,
Der Äuglein Feuer weichet,   Die Flamm wird Eis.
Das Mündlein von Korallen   Wird ungestalt.
Die Händ als Schnee verfallen,   Und du wirst alt.
Drumb laß uns jetzt genießen   Der Jugend Frucht,
Eh dann wir folgen müssen   Der Jahre Flucht.
Wo du dich selber liebest,   So liebe mich,
Gib mir, daß, wann du gibest,   Verlier auch ich.

RICARDA HUCH

Du kamst zu mir, mein Abgott, meine Schlange

Du kamst zu mir, mein Abgott, meine Schlange,
In dunkler Nacht, die um dich her erglühte.
Ich diente dir mit Liebesüberschwange
Und trank das Feuer, das dein Atem sprühte.
Du flohst, ich suchte lang in Finsternissen.
Da kannten mich die Götter und Dämonen
An jenem Glanze, den ich dir entrissen,
Und führten mich ins Licht, mit dir zu thronen.

STEFAN GEORGE

Du schlank und rein wie eine flamme

Du schlank und rein wie eine flamme
Du wie der morgen zart und licht
Du blühend reis vom edlen stamme
Du wie ein quell geheim und schlicht

Begleitest mich auf sonnigen matten
Umschauerst mich im abendrauch
Erleuchtest meinen weg im schatten
Du kühler wind du heisser hauch

Du bist mein wunsch und mein gedanke
Ich atme dich mit jeder luft
Ich schlürfe dich mit jedem tranke
Ich küsse dich mit jedem duft

Du blühend reis vom edlen stamme
Du wie ein quell geheim und schlicht
Du schlank und rein wie eine flamme
Du wie der morgen zart und licht.

ANONYM

Es waren zwei Königskinder

Es waren zwei Königskinder,
die hatten einander so lieb;
sie konnten zusammen nicht kommen,
das Wasser war viel zu tief.

«Ach Liebster, könntest du schwimmen,
so schwimm doch herüber zu mir!
Drei Kerzen will ich anzünden,
und die sollen leuchten dir.»

Das hört' ein falsches Nönnchen,
die tät, als wenn sie schlief;
sie tät die Kerzlein auslöschen,
der Jüngling ertrank so tief.

Es war an ein' Sonntagmorgen,
die Leut waren alle so froh,
nicht so die Königstochter,
ihr' Augen saßen ihr zu.

«Ach Mutter, herzliebste Mutter,
mir tut der Kopf so weh.
Ich möchte spazieren gehen
wohl an der blauen See.»

«Ach Tochter, herzliebste Tochter,
allein sollst du nicht gehn,
weck auf deinen jüngsten Bruder,
und der soll mit dir gehn.»

«Ach Mutter, herzliebste Mutter,
mein Bruder ist noch ein Kind,
der schießt ja all die Vöglein,
die auf Grünheide sind.»

«Ach Tochter, herzliebste Tochter,
allein sollst du nicht gehn,
weck auf deine jüngste Schwester,
und die soll mit dir gehn!»

«Ach Mutter, herzliebste Mutter,
meine Schwester ist noch ein Kind,
sie pflückt ja all die Blümlein,
die auf Grünheide sind.»

Die Mutter ging zur Kirche,
die Tochter hielt ihren Gang.
Sie ging so lang spazieren,
bis sie den Fischer fand.

«Ach Fischer, liebster Fischer,
willst du dir verdienen groß Lohn,
so wirf dein Netz ins Wasser
und fisch mir den Königssohn.»

Was zog sie von ihrem Finger,
ein Ringlein von Gold so rot,
«sieh da, wohledler Fischer,
kauf deinen Kindern Brot.»

Der Fischer warf seine Netze,
er warf sie bis auf den Grund,
er fischte und fischte so lange,
bis er den Königssohn fand.

Den schloß sie in ihre Arme
und küßte ihn auf den Mund,
«ach, Mündlein, könntest du sprechen,
so wär mein jung Herze gesund.»

Was nahm sie von ihrem Haupte?
Die goldene Königskron',
«sieh da, wohledler Fischer,
hier hast du deinen Lohn.»

Sie schwang sich um ihren Mantel
und sprang wohl in die See,
«lebt wohl, lieb Vater und Mutter,
ihr seht mich nimmermehr.»

Da hört' man Glöckchen läuten,
da hört' man Jammer und Not.
Hier liegen zwei Königskinder,
sind alle beide tot.

Ich hört ein Sichelein rauschen

Ich hört ein Sichelein rauschen,
Wohl rauschen durch das Korn,
Ich hört ein feine Magd klagen,
Sie hätt ihr Lieb verlorn.

«Laß rauschen, Lieb, laß rauschen,
Ich acht nit, wie es geh;
Ich hab mir ein Buhlen erworben
In Veiel und grünem Klee.»

«Hast du einen Buhlen erworben
In Veiel und grünem Klee,
So steh ich hier alleine,
Tut meinem Herzen weh.»

HUGO VON HOFMANNSTHAL

Über Vergänglichkeit

Noch spür ich ihren Atem auf den Wangen:
Wie kann das sein, daß diese nahen Tage
Fort sind, für immer fort, und ganz vergangen?

Dies ist ein Ding, das keiner voll aussinnt,
Und viel zu grauenvoll, als daß man klage:
Daß alles gleitet und vorüberrinnt.

Und daß mein eignes Ich, durch nichts gehemmt,
Herüberglitt aus einem kleinen Kind
Mir wie ein Hund unheimlich stumm und fremd.

Dann: daß ich auch vor hundert Jahren war
Und meine Ahnen, die im Totenhemd,
Mit mir verwandt sind wie mein eignes Haar,

So eins mit mir als wie mein eignes Haar.

KURT SCHWITTERS

An Anna Blume

Oh Du, Geliebte meiner 27 Sinne, ich liebe Dir!
Du, Deiner, Dich Dir, ich Dir, Du mir, – – – wir?
Das gehört beiläufig nicht hierher!

Wer bist Du, ungezähltes Frauenzimmer, Du bist, bist Du?
Die Leute sagen, Du wärest.
Laß sie sagen, sie wissen nicht, wie der Kirchturm steht.

Du trägst den Hut auf Deinen Füßen und wanderst auf
die Hände,
Auf den Händen wanderst Du.

Halloh, Deine roten Kleider, in weiße Falten zersägt,
Rot liebe ich Anna Blume, rot liebe ich Dir.
Du, Deiner, Dich Dir, ich Dir, Du mir, – – – – wir?
Das gehört beiläufig in die kalte Glut!
Anna Blume, rote Anna Blume, wie sagen die Leute?

> *Preisfrage:*
> 1.) Anna Blume hat ein Vogel,
> 2.) Anna Blume ist rot.
> 3.) Welche Farbe hat der Vogel.

Blau ist die Farbe Deines gelben Haares,
Rot ist die Farbe Deines grünen Vogels.
Du schlichtes Mädchen im Alltagskleid,
Du liebes grünes Tier, ich liebe Dir!
Du Deiner Dich Dir, ich Dir, Du mir, – – – – wir!
Das gehört beiläufig in die – – – Glutenkiste.

Anna Blume, Anna, A – – – – N – – – – N – – – – A!
Ich träufle Deinen Namen.
Dein Name tropft wie weiches Rindertalg.
Weißt Du es Anna, weißt Du es schon,
Man kann Dich auch von hinten lesen.
Und Du, Du Herrlichste von allen,
Du bist von hinten, wie von vorne:
A – – – – – – N – – – – – – N – – – – – – A.
Rindertalg träufelt STREICHELN über meinen Rücken.
Anna Blume,
Du tropfes Tier,
Ich – – – – – – – liebe – – – – – – – Dir!

KAROLINE VON GÜNDERODE

Die eine Klage

Wer die tiefste aller Wunden
hat in Geist und Sinn empfunden,
bittrer Trennung Schmerz;
wer geliebt, was er verloren,
lassen muß, was er erkoren,
das geliebte Herz,

der versteht in Lust die Tränen
und der Liebe ewig Sehnen
eins in Zwei zu sein,
eins im andern sich zu finden,
daß der Zweiheit Grenzen schwinden
und des Daseins Pein.

Wer so ganz in Herz und Sinnen
konnt' ein Wesen lieb gewinnen,
oh! den tröstet's nicht,
daß für Freuden, die verloren,
neue werden neu geboren:
Jene sind's doch nicht.

Das geliebte, süße Leben,
dieses Nehmen und dies Geben,
Wort und Sinn und Blick,
dieses Suchen und dies Finden
dieses Denken und Empfinden
gibt kein Gott zurück.

EDUARD MÖRIKE

Schön-Rohtraut

Wie heißt König Ringangs Töchterlein?
    Rohtraut, Schön-Rohtraut.
Was tut sie denn den ganzen Tag,
Da sie wohl nicht spinnen und nähen mag?
    Tut fischen und jagen.
O daß ich doch ihr Jäger wär!
Fischen und jagen freute mich sehr.
    – Schweig stille, mein Herze!

Und über eine kleine Weil,
    Rohtraut, Schön-Rohtraut,
So dient der Knab auf Ringangs Schloß
In Jägertracht und hat ein Roß,
    Mit Rohtraut zu jagen.
O daß ich doch ein Königssohn wär!
Rohtraut, Schön-Rohtraut lieb ich so sehr.
    – Schweig stille, mein Herze!

Einsmals sie ruhten am Eichenbaum,
    Da lacht Schön-Rohtraut:
Was siehst mich an so wunniglich?
Wenn du das Herz hast, küsse mich!
    Ach! erschrak der Knabe!
Doch denket er: mir ists vergunnt,
Und küsset Schön-Rohtraut auf den Mund.
    – Schweig stille, mein Herze!

Darauf sie ritten schweigend heim,
    Rohtraut, Schön-Rohtraut;
Es jauchzt der Knab in seinem Sinn:
Und würdst du heute Kaiserin,
    Mich sollts nicht kränken:
Ihr tausend Blätter im Walde wißt,
Ich hab Schön-Rohtrauts Mund geküßt!
    – Schweig stille, mein Herze!

JOHANN WOLFGANG VON GOETHE

Mailied

Wie herrlich leuchtet
Mir die Natur!
Wie glänzt die Sonne!
Wie lacht die Flur!

Es dringen Blüten
Aus jedem Zweig,
Und tausend Stimmen
Aus dem Gesträuch.

Und Freud' und Wonne
Aus jeder Brust.
O Erd'! o Sonne!
O Glück! o Lust!

O Lieb'! o Liebe!
So golden-schön,
Wie Morgenwolken
Auf jenen Höhn!

Du segnest herrlich
Das frische Feld,
Im Blütendampfe
Die volle Welt.

O Mädchen, Mädchen,
Wie lieb' ich dich!
Wie blickt dein Auge!
Wie liebst du mich!

So liebt die Lerche
Gesang und Luft,
Und Morgenblumen
Den Himmelsduft.

Wie ich dich liebe
Mit warmem Blut,
Die du mir Jugend
Und Freud' und Mut

Zu neuen Liedern
Und Tänzen gibst.
Sei ewig glücklich,
Wie du mich liebst!

ANONYM

Willst du dein Herz mir schenken

Willst du dein Herz mir schenken,
so fang es heimlich an,
daß unser beider Denken
niemand erraten kann.
Die Liebe muß bei beiden
allzeit verschwiegen sein.
Drum schließ die größten Freuden
in deinem Herzen ein.

Begehre keine Blicke
von meiner Liebe nicht.
Der Neid hat viele Tücke
auf unsern Bund gericht'.
Du mußt die Brust verschließen,
halt deine Neigung ein.
Die Lust, die wir genießen,
muß ein Geheimnis sein.

FRIEDRICH HEBBEL

Ich und du

Wir träumten von einander
  Und sind davon erwacht,
Wir leben, um uns zu lieben,
  Und sinken zurück in die Nacht.

Du tratst aus meinem Traume,
  Aus deinem trat ich hervor,
Wir sterben, wenn sich eines
  Im andern ganz verlor.

Auf einer Lilie zittern
  Zwei Tropfen, rein und rund,
Zerfließen in eins und rollen
  Hinab in des Kelches Grund.

NIKOLAUS LENAU

Im Frühling

An ihren bunten Liedern klettert
Die Lerche selig in die Luft;
Ein Jubelchor von Sängern schmettert
Im Walde, voller Blüth' und Duft.

Da sind, so weit die Blicke gleiten
Altäre festlich aufgebaut,
Und all' die tausend Herzen läuten
Zur Liebesfeier dringend laut.

Der Lenz hat Rosen angezündet
An Leuchtern von Smaragd im Dom,
Und jede Seele schwillt und mündet
Hinüber in den Opferstrom.

JOHANN WOLFGANG VON GOETHE

Rastlose Liebe

Dem Schnee, dem Regen,
Dem Wind entgegen,
Im Dampf der Klüfte,
Durch Nebeldüfte,
Immer zu! Immer zu!
Ohne Rast und Ruh!

Lieber durch Leiden
Möcht' ich mich schlagen,
Als so viel Freuden
Des Lebens ertragen.
Alle das Neigen
Von Herzen zu Herzen,
Ach wie so eigen
Schaffet das Schmerzen!

Wie soll ich fliehen?
Wälderwärts ziehen?
Alles vergebens!
Krone des Lebens,
Glück ohne Ruh,
Liebe, bist du!

NIKOLAUS LENAU

An die Entfernte

I.
Diese Rose pflück ich hier,
In der fremden Ferne;
Liebes Mädchen, dir, ach dir
Brächt ich sie so gerne!

Doch bis ich zu dir mag ziehn
Viele weite Meilen,
Ist die Rose längst dahin,
Denn die Rosen eilen.

Nie soll weiter sich in's Land
Lieb' von Liebe wagen,
Als sich blühend in der Hand
Läßt die Rose tragen;

Aber als die Nachtigall
Halme bringt zum Neste,
Oder als ihr süßer Schall
Wandert mit dem Weste.

II.
Rosen fliehen nicht allein,
Und die Lenzgesänge,
Auch dein Wangenrosenschein,
Deine süßen Klänge.

O, daß ich, ein Thor, ein Thor,
Meinen Himmel räumte!
Daß ich einen Blick verlor,
Einen Hauch versäumte!

Rosen wecken Sehnsucht hier,
Dort die Nachtigallen,
Mädchen, und ich möchte dir
In die Arme fallen!

PAUL FLEMING

Ein getreues Herze wissen

Ein getreues Herze wissen,
Hat des höchsten Schatzes Preis.
Der ist selig zu begrüßen,
Der ein treues Herze weiß.
Mir ist wohl bei höchstem Schmerze,
Denn ich weiß ein treues Herze.

Läuft das Glücke gleich zuzeiten
Anders, als man will und meint,
Ein getreues Herz hilft streiten
Wider alles, was ist feind.
Mir ist wohl bei höchstem Schmerze,
Denn ich weiß ein treues Herze.

Sein Vergnügen steht alleine
In des andern Redlichkeit,
Hält des andern Not für seine,
Weicht nicht auch bei böser Zeit.
Mir ist wohl bei höchstem Schmerze,
Denn ich weiß ein treues Herze.

Gunst, die kehrt sich nach dem Glücke,
Geld und Reichtum, das zerstäubt,
Schönheit läßt uns bald zurücke,
Ein getreues Herze bleibt.
Mir ist wohl bei höchstem Schmerze,
Denn ich weiß ein treues Herze.

Eins ist da sein und geschieden.
Ein getreues Herze hält,
Gibt sich allezeit zufrieden,
Steht auf, wenn es niederfällt.
Mir ist wohl bei höchstem Schmerze,
Denn ich weiß ein treues Herze.

Nichts ist Süßers als zwei Treue,
Wenn sie eines worden sein.
Dies ist's, des ich mich erfreue,
Und sie gibt ihr Ja auch drein.
Mir ist wohl bei höchstem Schmerze,
denn ich weiß ein treues Herze.

Waldesgespräch

Es ist schon spät, es ist schon kalt,
Was reit'st du einsam durch den Wald?
Der Wald ist groß, du bist allein,
Du schöne Braut, ich führ' dich heim!

«Groß ist der Männer Trug und List,
Vor Schmerz mein Herz gebrochen ist,
Wohl irrt das Waldhorn her und hin,
O flieh, Du weißt nicht wer ich bin!»

So reich geschmückt ist Roß und Weib,
So wunderschön der junge Leib,
Jetzt kenn' ich dich – Gott steh mir bei!
Du bist die Hexe Lorelay.

«Du kennst mich wohl – vom hohen Stein
Schaut still mein Schloß in tiefen Rhein;
Es ist schon spät, es wird schon kalt,
Kommst nimmermehr aus diesem Wald!»

JOHANN WOLFGANG VON GOETHE

Nähe des Geliebten

Ich denke dein, wenn mir der Sonne Schimmer
    Vom Meere strahlt;
Ich denke dein, wenn sich des Mondes Flimmer
    In Quellen malt.

Ich sehe dich, wenn auf dem fernen Wege
    Der Staub sich hebt;
In tiefer Nacht, wenn auf dem schmalen Stege
    Der Wandrer bebt.

Ich höre dich, wenn dort mit dumpfem Rauschen
    Die Welle steigt.
Im stillen Haine geh' ich oft zu lauschen,
    Wenn alles schweigt.

Ich bin bei dir, du seist auch noch so ferne,
    Du bist mir nah!
Die Sonne sinkt, bald leuchten mir die Sterne.
    O wärst du da!

JOHANN GEORG JACOBI

Abends

Komm, Liebchen! es neigen
die Wälder sich dir;
und alles mit Schweigen
erwartet dich hier.

Der Himmel im glatten
umdämmerten Quell!
Dies Plätzchen im Schatten,
dies andre so hell!

Im Schatten, der Liebe
dich lockendes Glück,
dir flüsternd: es bliebe
noch vieles zurück –

Es blieben der süßen
Geheimnisse viel;
so festes Umschließen;
so wonniges Spiel!

Da rauscht es! da wanken
auf jeglichem Baum
die Äste; da schwanken
die Vögel im Traum.

Dies Wanken, dies Zittern
der Blätter im Teich –
o Liebe! dein Wittern!
o Liebe! dein Reich!

Die Liebenden

Trennen wollten wir uns, wähnten es gut und klug;
  Da wir's taten, warum schröckt' uns, wie Mord, die Tat?
  Ach! wir kennen uns wenig,
    Denn es waltet ein Gott in uns.

RICARDA HUCH

Wo hast du all die Schönheit hergenommen

Wo hast du all die Schönheit hergenommen,
Du Liebesangesicht, du Wohlgestalt!
Um dich ist alle Welt zu kurz gekommen.
Weil du die Jugend hast, wird alles alt,
Weil du das Leben hast, muß alles sterben,
Weil du die Kraft hast, ist die Welt kein Hort,
Weil du vollkommen bist, ist sie ein Scherben,
Weil du der Himmel bist, gibt's keinen dort!

FRIEDRICH RÜCKERT

Amara, bittre, was du tust, ist bitter

Amara, bittre, was du tust, ist bitter,
Wie du die Füße rührst, die Arme lenkest,
Wie du die Augen hebst, wie du sie senkest,
Die Lippen auftust oder zu, ists bitter.

Ein jeder Gruß ist, den du schenkest, bitter,
Bitter ein jeder Kuß, den du nicht schenkest;
Bitter ist, was du sprichst und was du denkest,
Und was du hast und was du bist, ist bitter.

Voraus kommt eine Bitterkeit gegangen,
Zwo Bitterkeiten gehn dir zu den Seiten,
Und eine folgt den Spuren deiner Füße.

O du mit Bitterkeiten rings umfangen,
Wer dächte, daß mit all den Bitterkeiten
Du doch mir bist im innern Kern so süße!

SIMON DACH

Annchen von Tharau

Annchen von Tharau ist, die mir gefällt;
Sie ist mein Leben, mein Gut und mein Geld.

Annchen von Tharau hat wieder ihr Herz
Auf mich gerichtet in Lieb' und in Schmerz.

Annchen von Tharau, mein Reichtum, mein Gut,
Du meine Seele, mein Fleisch und mein Blut!

Käm' alles Wetter gleich auf uns zu schlahn,
Wir sind gesinnet bei einander zu stahn.

Krankheit, Verfolgung, Betrübniß und Pein
Soll unsrer Liebe Verknotigung seyn.

Recht als ein Palmenbaum über sich steigt,
Je mehr ihn Hagel und Regen anficht;

So wird die Lieb' in uns mächtig und groß
Durch Kreuz, durch Leiden, durch allerlei Noth.

Würdest du gleich einmal von mir getrennt,
Lebtest, da wo man die Sonne kaum kennt;

Ich will dir folgen durch Wälder, durch Meer,
Durch Eis, durch Eisen, durch feindliches Heer.

Annchen von Tharau, mein Licht, meine Sonn,
Mein Leben schließ' ich um deines herum.

Was ich gebiete, wird von dir gethan,
Was ich verbiete, das läst du mir stahn.

Was hat die Liebe doch für ein Bestand,
Wo nicht Ein Herz ist, Ein Mund, Eine Hand?

Wo man sich peiniget, zanket und schlägt,
Und gleich den Hunden und Kazen beträgt?

Annchen von Tharau, das woll'n wir nicht thun;
Du bist mein Täubchen, mein Schäfchen, mein Huhn.

Was ich begehre, ist lieb dir und gut;
Ich laß den Rock dir, du läßt mir den Hut!

Dies ist uns Annchen die süsseste Ruh.
Ein Leib und Seele wird aus Ich und Du.

Dies macht das Leben zum himmlischen Reich,
Durch Zanken wird es der Hölle gleich.

Übersetzung von Johann Gottfried Herder

EDUARD MÖRIKE

Peregrina

I

Der Spiegel dieser treuen, braunen Augen
Ist wie von innerm Gold ein Widerschein;
Tief aus dem Busen scheint ers anzusaugen,
Dort mag solch Gold in heilgem Gram gedeihn.
In diese Nacht des Blickes mich zu tauchen,
Unwissend Kind, du selber lädst mich ein –
Willst, ich soll kecklich mich und dich entzünden,
Reichst lächelnd mir den Tod im Kelch der Sünden!

II

Aufgeschmückt ist der Freudensaal.
Lichterhell, bunt, in laulicher Sommernacht
Stehet das offene Gartengezelte.
Säulengleich steigen, gepaart,
Grün-umranket, eherne Schlangen,
Zwölf, mit verschlungenen Hälsen,
Tragend und stützend das
Leicht gegitterte Dach.

Aber die Braut noch wartet verborgen
In dem Kämmerlein ihres Hauses.
Endlich bewegt sich der Zug der Hochzeit,
Fackeln tragend,
Feierlich stumm.
Und in der Mitte,
Mich an der rechten Hand,
Schwarz gekleidet, geht einfach die Braut;
Schön gefaltet ein Scharlachtuch
Liegt um den zierlichen Kopf geschlagen.
Lächelnd geht sie dahin; das Mahl schon duftet.

Später im Lärmen des Fests
Stahlen wir seitwärts uns beide
Weg, nach den Schatten des Gartens wandelnd,
Wo im Gebüsche die Rosen brannten,
Wo der Mondstrahl um Lilien zuckte,
Wo die Weymouthsfichte mit schwarzem Haar
Den Spiegel des Teiches halb verhängt.

Auf seidnem Rasen dort, ach, Herz am Herzen,
Wie verschlangen, erstickten meine Küsse den
                              scheueren Kuß!
Indes der Springquell, unteilnehmend
An überschwänglicher Liebe Geflüster,
Sich ewig des eigenen Plätscherns freute;
Uns aber neckten von fern und lockten
Freundliche Stimmen,
Flöten und Saiten umsonst.

Ermüdet lag, zu bald für mein Verlangen,
Das leichte, liebe Haupt auf meinem Schoß.
Spielender Weise mein Aug auf ihres drückend
Fühlt ich ein Weilchen die langen Wimpern,
Bis der Schlaf sie stellte,
Wie Schmetterlingsgefieder auf und nieder gehn.

Eh das Frührot schien,
Eh das Lämpchen erlosch im Brautgemache,
Weckt ich die Schläferin,
Führte das seltsame Kind in mein Haus ein.

III
Ein Irrsal kam in die Mondscheingärten
Einer einst heiligen Liebe.
Schaudernd entdeckt ich verjährten Betrug.
Und mit weinendem Blick, doch grausam,
Hieß ich das schlanke,

Zauberhafte Mädchen
Ferne gehen von mir.
Ach, ihre hohe Stirn,
War gesenkt, denn sie liebte mich;
Aber sie zog mit Schweigen
Fort in die graue
Welt hinaus.

Krank seitdem,
Wund ist und wehe mein Herz.
Nimmer wird es genesen!

Als ginge, luftgesponnen, ein Zauberfaden
Von ihr zu mir, ein ängstig Band,
So zieht es, zieht mich schmachtend ihr nach!
– Wie? wenn ich eines Tags auf meiner Schwelle
Sie sitzen fände, wie einst, im Morgen-Zwielicht,
Das Wanderbündel neben ihr,
Und ihr Auge, treuherzig zu mir aufschauend,
Sagte, da bin ich wieder
Hergekommen aus weiter Welt!

IV
Warum, Geliebte, denk ich dein
Auf einmal nun mit tausend Tränen,
Und kann gar nicht zufrieden sein,
Und will die Brust in alle Weite dehnen?

Ach, gestern in den hellen Kindersaal,
Beim Flimmer zierlich aufgesteckter Kerzen,
Wo ich mein selbst vergaß in Lärm und Scherzen,
Tratst du, o Bildnis mitleid-schöner Qual;
Es war dein Geist, er setzte sich ans Mahl,
Fremd saßen wir mit stumm verhaltnen Schmerzen;
Zuletzt brach ich in lautes Schluchzen aus,
Und Hand in Hand verließen wir das Haus.

V

Die Liebe, sagt man, steht am Pfahl gebunden,
Geht endlich arm, zerrüttet, unbeschuht;
Dies edle Haupt hat nicht mehr, wo es ruht,
Mit Tränen netzet sie der Füße Wunden.

Ach, Peregrinen hab ich so gefunden!
Schön war ihr Wahnsinn, ihrer Wange Glut,
Noch scherzend in der Frühlingsstürme Wut,
Und wilde Kränze in das Haar gewunden.

Wars möglich, solche Schönheit zu verlassen?
– So kehrt nur reizender das alte Glück!
O komm, in diese Arme dich zu fassen!

Doch weh! o weh! was soll mir dieser Blick?
Sie küßt mich zwischen Lieben noch und Hassen,
Sie kehrt sich ab, und kehrt mir nie zurück.

Heinrich Heine

Der Tod das ist die kühle Nacht

Der Tod das ist die kühle Nacht,
Das Leben ist der schwüle Tag.
Es dunkelt schon, mich schläfert,
Der Tag hat mich müd gemacht.

Über mein Bett erhebt sich ein Baum,
Drin singt die junge Nachtigall;
Sie singt von lauter Liebe,
Ich hör es sogar im Traum.

Kehr ein bei mir

Du bist die Ruh,
Der Friede mild,
Die Sehnsucht du,
Und was sie stillt.

Ich weihe dir
Voll Lust und Schmerz
Zur Wohnung hier
Mein Aug und Herz.

Kehr ein bei mir,
Und schließe du
Still hinter dir
Die Pforten zu.

Treib andern Schmerz
Aus dieser Brust!
Voll sei dies Herz
Von deiner Lust.

Dies Augenzelt,
Von deinem Glanz
Allein erhellt,
O füll es ganz!

JOHANN WOLFGANG VON GOETHE

Mit einem gemalten Band

Kleine Blumen, kleine Blätter
Streuen mir mit leichter Hand
Gute junge Frühlings-Götter
Tändelnd auf ein luftig Band.

Zephyr, nimm's auf deine Flügel,
Schling's um meiner Liebsten Kleid;
Und so tritt sie vor den Spiegel
All in ihrer Munterkeit.

Sieht mit Rosen sich umgeben,
Selbst wie eine Rose jung.
Einen Blick, geliebtes Leben!
Und ich bin belohnt genung.

Fühle, was dies Herz empfindet,
Reiche frei mir deine Hand,
Und das Band, das uns verbindet,
Sei kein schwaches Rosen-Band!

LUDWIG UHLAND

Heimkehr

O brich nicht, Steg, du zitterst sehr!
O stürz nicht, Fels, du dräuest schwer!
Welt, geh nicht unter, Himmel, fall nicht ein,
Eh ich mag bei der Liebsten sein!

PAUL FLEMING

Auf die italiänische Weise:
O fronte serena

O liebliche Wangen,
ihr macht mir Verlangen,
dies Rote, dies Weiße
zu schauen mit Fleiße!
Und dies nur alleine
ists nicht, das ich meine
zu schauen, zu grüßen,
zu rühren, zu küssen.
Ihr macht mir Verlangen,
o liebliche Wangen!

O Sonne der Wonne,
o Wonne der Sonne!
O Augen, sie saugen
das Licht meiner Augen!
O englische Sinnen,
o himmlisch Beginnen,
o Himmel auf Erden,
magst du mir nicht werden?
O Wonne der Sonne,
o Sonne der Wonne!

O Schönste der Schönen,
benimm mir dies Sehnen!
Komm, eile, komm, komme,
du Süße, du Fromme!
Ach, Schwester, ich sterbe,
ich sterb, ich verderbe.

Komm, komme, komm, eile,
komm, tröste, komm, heile!
Benimm mir dies Sehnen,
o Schönste der Schönen!

DIETMAR VON AIST

Slâfest du, friedel ziere?

‹Slâfest du, friedel ziere?
man weckt uns leider schiere:
ein vogellîn sô wol getân
daz ist der linden an daz zwî gegân.›

‹Ich was vil sanfte entslâfen:
nu rüefestu kint wâfen.
liep âne leit mac niht gesîn.
swaz du gebiutst, daz leiste ich,
    friundîn mîn.›

Diu frouwe begunde weinen.
‹du rîtst und lâst mich eine.
wenne wilt du wider her zuo mir?
owê du füerst mîn fröide sament dir !›

‹Schläfst du, mein schöner Liebster ?
Bald wird man uns leider wecken.
Ein Vögelchen, ein wohlgestaltes,
ist auf der Linde Zweig gekommen.›

‹Ich war sanft eingeschlafen:
nun rufst du, Kind, mich auf!
Lieb ohne Leid, das kann nicht sein.
Was immer du befiehlst, das tu ich,
　　meine Freundin.›

Die Frau begann zu weinen.
‹Du reitest und läßt mich allein.
Wann willst du wieder her zu mir?
O weh, du nimmst mein Glück zugleich mit dir!›

Übersetzung von Max Wehrli

FRIEDRICH HÖLDERLIN

Menons Klagen um Diotima

1

Täglich geh' ich heraus, und such' ein Anderes immer,
  Habe längst sie befragt alle die Pfade des Lands;
Droben die kühlenden Höhn, die Schatten alle besuch' ich,
  Und die Quellen; hinauf irret der Geist und hinab,
Ruh' erbittend; so flieht das getroffene Wild in die Wälder,
  Wo es um Mittag sonst sicher im Dunkel geruht;
Aber nimmer erquickt sein grünes Lager das Herz ihm,
  Jammernd und schlummerlos treibt es der Stachel
                             umher.
Nicht die Wärme des Lichts, und nicht die Kühle der
                             Nacht hilft,
  Und in Wogen des Stroms taucht es die Wunden
                             umsonst.
Und wie ihm vergebens die Erd' ihr fröhliches Heilkraut
  Reicht, und das gärende Blut keiner der Zephyre stillt,
So, ihr Lieben! auch mir, so will es scheinen, und niemand
  Kann von der Stirne mir nehmen den traurigen Traum?

2

Ja! es frommet auch nicht, ihr Todesgötter! wenn einmal
  Ihr ihn haltet, und fest habt den bezwungenen Mann,
Wenn ihr Bösen hinab in die schaurige Nacht ihn
                             genommen,
  Dann zu suchen, zu flehn, oder zu zürnen mit euch,
Oder geduldig auch wohl im furchtsamen Banne zu
                             wohnen,
  Und mit Lächeln von euch hören das nüchterne Lied.
Soll es sein, so vergiß dein Heil, und schlummere klanglos!
  Aber doch quillt ein Laut hoffend im Busen dir auf,
Immer kannst du noch nicht, o meine Seele! noch
                             kannst du's

Nicht gewohnen, und träumst mitten im eisernen Schlaf!
Festzeit hab' ich nicht, doch möcht' ich die Locke
                              bekränzen;
  Bin ich allein denn nicht? aber ein Freundliches muß
Fernher nahe mir sein, und lächeln muß ich und staunen,
  Wie so selig doch auch mitten im Leide mir ist.

3
Licht der Liebe! scheinest du denn auch Toten, du goldnes!
  Bilder aus hellerer Zeit leuchtet ihr mir in die Nacht?
Liebliche Gärten seid, ihr abendrötlichen Berge,
  Seid willkommen und ihr, schweigende Pfade des Hains,
Zeugen himmlischen Glücks, und ihr, hochschauende
                              Sterne,
  Die mir damals so oft segnende Blicke gegönnt!
Euch, ihr Liebenden auch, ihr schönen Kinder des Maitags,
  Stille Rosen und euch, Lilien, nenn' ich noch oft!
Wohl gehn Frühlinge fort, ein Jahr verdränget das andre,
  Wechselnd und streitend, so tost droben vorüber die
                              Zeit
Über sterblichem Haupt, doch nicht vor seligen Augen,
  Und den Liebenden ist anderes Leben geschenkt.
Denn sie alle die Tag' und Jahre der Sterne, sie waren
  Diotima! um uns innig und ewig vereint;

4
Aber wir, zufrieden gesellt, wie die liebenden Schwäne,
  Wenn sie ruhen am See, oder, auf Wellen gewiegt,
Niedersehn in die Wasser, wo silberne Wolken sich spiegeln,
  Und ätherisches Blau unter den Schiffenden wallt,
So auf Erden wandelten wir. Und drohte der Nord auch,
  Er, der Liebenden Feind, klagenbereitend, und fiel
Von den Ästen das Laub, und flog im Winde der Regen,
  Ruhig lächelten wir, fühlten den eigenen Gott
Unter trautem Gespräch; in Einem Seelengesange,
  Ganz in Frieden mit uns kindlich und freudig allein.

Aber das Haus ist öde mir nun, und sie haben mein Auge
    Mir genommen, auch mich hab' ich verloren mit ihr.
Darum irr' ich umher, und wohl, wie die Schatten, so
                    muß ich
    Leben, und sinnlos dünkt lange das Übrige mir.

5

Feiern möcht' ich; aber wofür? und singen mit Andern,
    Aber so einsam fehlt jegliches Göttliche mir.
Dies ist's, dies mein Gebrechen, ich weiß, es lähmet ein
                  Fluch mir
    Darum die Sehnen, und wirft, wo ich beginne, mich hin,
Daß ich fühllos sitze den Tag, und stumm wie die Kinder,
    Nur vom Auge mir kalt öfters die Träne noch
                  schleicht,
Und die Pflanze des Felds, und der Vögel Singen mich
                  trüb macht,
    Weil mit Freuden auch sie Boten des Himmlischen
                  sind,
Aber mir in schaudernder Brust die beseelende Sonne,
    Kühl und fruchtlos mir dämmert, wie Strahlen der
                  Nacht,
Ach! und nichtig und leer, wie Gefängniswände, der
                  Himmel
    Eine beugende Last über dem Haupte mir hängt!

6

Sonst mir anders bekannt! o Jugend, und bringen Gebete
    Dich nicht wieder, dich nie? führet kein Pfad mich
                  zurück?
Soll es werden auch mir, wie den Götterlosen, die vormals
    Glänzenden Auges doch auch saßen an seligem Tisch',
Aber übersättiget bald, die schwärmenden Gäste,
    Nun verstummet, und nun, unter der Lüfte Gesang,
Unter blühender Erd' entschlafen sind, bis dereinst sie
    Eines Wunders Gewalt sie, die Versunkenen, zwingt,

Wiederzukehren, und neu auf grünendem Boden zu
                             wandeln. –
Heiliger Othem durchströmt göttlich die lichte Gestalt,
Wenn das Fest sich beseelt, und Fluten der Liebe sich regen,
    Und vom Himmel getränkt, rauscht der lebendige Strom,
Wenn es drunten ertönt, und ihre Schätze die Nacht zollt,
    und aus Bächen herauf glänzt das begrabene Gold. –

7
Aber o du, die schon am Scheidewege mir damals,
    Da ich versank vor dir, tröstend ein Schöneres wies,
Du, die Großes zu sehn, und froher die Götter zu singen,
    Schweigend, wie sie, mich einst stille begeisternd
                             gelehrt;
Götterkind! erscheinest du mir, und grüßest, wie einst, mich,
    Redest wieder, wie einst, höhere Dinge mir zu?
Siehe! weinen vor dir, und klagen muß ich, wenn schon
                             noch,
    Denkend edlerer Zeit, dessen die Seele sich schämt.
Denn so lange, so lang auf matten Pfaden der Erde
    Hab' ich, deiner gewohnt, dich in der Irre gesucht,
Freudiger Schutzgeist! aber umsonst, und Jahre zerrannen,
    Seit wir ahnend um uns glänzen die Abende sahn.

8
Dich nur, dich erhält dein Licht, o Heldin! im Lichte,
    Und dein Dulden erhält liebend, o Gütige, dich;
Und nicht einmal bist du allein; Gespielen genug sind,
    Wo du blühest und ruhst unter den Rosen des Jahrs;
Und der Vater, er selbst, durch sanftumatmende Musen
    Sendet die zärtlichen Wiegengesänge dir zu.
Ja! noch ist sie es ganz! noch schwebt vom Haupte zur Sohle,
    Stillherwandelnd, wie sonst, mir die Athenerin vor.
Und wie, freundlicher Geist! von heitersinnender Stirne
    Segnend und sicher dein Strahl unter die Sterblichen
                             fällt;

So bezeugest du mir's, und sagst mir's, daß ich es andern
    Wiedersage, denn auch Andere glauben es nicht,
Daß unsterblicher doch, denn Sorg' und Zürnen, die
                                    Freude
    Und ein goldener Tag täglich am Ende noch ist.

9
So will ich, ihr Himmlischen! denn auch danken, und
                                    endlich
    Atmet aus leichter Brust wieder des Sängers Gebet.
Und wie, wenn ich mit ihr, auf sonniger Höhe mit ihr stand,
    Spricht belebend ein Gott innen vom Tempel mich an.
Leben will ich denn auch! schon grünt's! wie von
                                    heiliger Leier
    Ruft es von silbernen Bergen Apollons voran!
Komm! es war wie ein Traum! Die blutenden Fittige sind ja
    Schon genesen, verjüngt leben die Hoffnungen all.
Großes zu finden, ist viel, ist viel noch übrig, und wer so
    Liebte, gehet, er muß, gehet zu Göttern die Bahn.
Und geleitet ihr uns, ihr Weihestunden! ihr ernsten,
    Jugendlichen! o bleibt, heilige Ahnungen, ihr
Fromme Bitten! und ihr Begeisterungen und all ihr
    Guten Genien, die gerne bei Liebenden sind;
Bleibt so lange mit uns, bis wir auf gemeinsamem Boden
    Dort, wo die Seligen all niederzukehren bereit,
Dort, wo die Adler sind, die Gestirne, die Boten des Vaters,
    Dort, wo die Musen, woher Helden und Liebende sind,
Dort uns, oder auch hier, auf tauender Insel begegnen,
    Wo die Unsrigen erst, blühend in Gärten gesellt,
Wo die Gesänge wahr, und länger die Frühlinge schön sind,
    Und von neuem ein Jahr unserer Seele beginnt.

JOSEPH VON EICHENDORFF

Gruß

Über Wipfel und Saaten
In den Glanz hinein –
Wer mag sie erraten,
Wer holte sie ein? –
Gedanken sich wiegen,
Die Nacht ist verschwiegen,
Gedanken sind frei.

Es rät es nur Eine,
Wer an sie gedacht
Beim Rauschen der Haine,
Wenn niemand mehr wacht,
Als die Wolken, die fliegen,
Mein Lieb ist verschwiegen
Und schön wie die Nacht.

JOHANN WOLFGANG VON GOETHE

Der Bräutigam

Um Mitternacht, ich schlief, im Busen wachte
Das liebevolle Herz als wär' es Tag;
Der Tag erschien, mir war als ob es nachte,
Was ist es mir, soviel er bringen mag.

Sie fehlte ja, mein emsig Tun und Streben,
Für sie allein ertrug ich's durch die Glut
Der heißen Stunde, welch erquicktes Leben
Am kühlen Abend! lohnend war's und gut.

Die Sonne sank und Hand in Hand verpflichtet
Begrüßten wir den letzten Segensblick,
Und Auge sprach, in's Auge klar gerichtet:
Von Osten, hoffe nur, sie kommt zurück.

Um Mitternacht der Sterne Glanz geleitet
Im holden Traum zur Schwelle, wo sie ruht.
O sei auch mir dort auszuruhn bereitet,
Wie es auch sei das Leben, es ist gut.

RICARDA HUCH

Uralter Worte kundig kommt die Nacht

Uralter Worte kundig kommt die Nacht;
Sie löst den Dingen Rüstung ab und Bande,
Sie wechselt die Gestalten und Gewande
Und hüllt den Streit in gleiche braune Tracht.

Da rührt das steinerne Gebirg sich sacht
Und schwillt wie Meer hinüber in die Lande.
Der Abgrund kriecht verlangend bis zum Rande
Und trinkt der Sterne hingebeugte Pracht.

Ich halte dich und bin von dir umschlossen,
Erschöpfte Wandrer wiederum zu Haus;
So fühl ich dich in Fleisch und Blut gegossen,

Von deinem Leib und Leben meins umkleidet.
Die Seele ruht von langer Sehnsucht aus,
Die eins vom andern nicht mehr unterscheidet.

JOHANN WOLFGANG VON GOETHE

Was bedeutet die Bewegung?
(Suleika)

Was bedeutet die Bewegung?
Bringt der Ost mir frohe Kunde?
Seiner Schwingen frische Regung
Kühlt des Herzens tiefe Wunde.

Kosend spielt er mit dem Staube,
Jagt ihn auf in leichten Wölkchen,
Treibt zur sichern Rebenlaube
Der Insecten frohes Völkchen.

Lindert sanft der Sonne Glühen,
Kühlt auch mir die heißen Wangen,
Küßt die Reben noch im Fliehen,
Die auf Feld und Hügel prangen.

Und mir bringt sein leises Flüstern
Von dem Freunde tausend Grüße;
Eh noch diese Hügel düstern
Grüßen mich wohl tausend Küsse.

GEORG FRIEDRICH DAUMER

Stiller Schrei

Wenn du nur zuweilen lächelst,
nur zuweilen Kühle fächelst
dieser ungemeßnen Glut –
in Geduld will ich mich fassen
und dich alles treiben lassen,
was der Liebe wehe tut.

Eduard Mörike

Gesang zu Zweien in der Nacht

Sie: Wie süß der Nachtwind nun die Wiese streift,
Und klingend jetzt den jungen Hain durchläuft!
Da noch der freche Tag verstummt,
Hört man der Erdenkräfte flüsterndes Gedränge,
Das aufwärts in die zärtlichen Gesänge
Der reingestimmten Lüfte summt.

Er: Vernehm ich doch die wunderbarsten Stimmen,
Vom lauen Wind wollüstig hingeschleift,
Indes, mit ungewissem Licht gestreift,
Der Himmel selber scheinet hinzuschwimmen.

Sie: Wie ein Gewebe zuckt die Luft manchmal,
Durchsichtiger und heller aufzuwehen;
Dazwischen hört man weiche Töne gehen
Von selgen Feen, die im blauen Saal
Zum Sphärenklang,
Und fleißig mit Gesang,
Silberne Spindeln hin und wieder drehen.

Er: O holde Nacht, du gehst mit leisem Tritt
Auf schwarzem Samt, der nur am Tage grünet,
Und luftig schwirrender Musik bedienet
Sich nun dein Fuß zum leichten Schritt,
Womit du Stund um Stunde missest,
Dich lieblich in dir selbst vergissest –
Du schwärmst, es schwärmt der Schöpfung Seele mit!

CONRAD FERDINAND MEYER

Zwei Segel

Zwei Segel erhellend
Die tiefblaue Bucht!
Zwei Segel sich schwellend
Zu ruhiger Flucht!

Wie eins in den Winden
Sich wölbt und bewegt,
Wird auch das Empfinden
Des andern erregt.

Begehrt eins zu hasten,
Das andre geht schnell,
Verlangt eins zu rasten,
Ruht auch sein Gesell.

Rainer Maria Rilke

An der sonngewohnten Straße

An der sonngewohnten Straße, in dem
hohlen halben Baumstamm, der seit lange
Trog ward, eine Oberfläche Wasser
in sich leis erneuernd, still' ich meinen
Durst: des Wassers Heiterkeit und Herkunft
in mich nehmend durch die Handgelenke.
Trinken schiene mir zu viel, zu deutlich;
aber diese wartende Gebärde
holt mir helles Wasser ins Bewußtsein.

Also, kämst du, braucht ich, mich zu stillen,
nur ein leichtes Anruhn meiner Hände,
sei's an deiner Schulter junge Rundung,
sei es an den Andrang deiner Brüste.

Dein Antlitz war mit Träumen ganz beladen

Dein Antlitz war mit Träumen ganz beladen.
Ich schwieg und sah dich an mit stummem Beben.
Wie stieg das auf! Daß ich mich einmal schon
In frühern Nächten völlig hingegeben

Dem Mond und dem zuviel geliebten Tal,
Wo auf den leeren Hängen auseinander
Die magern Bäume standen und dazwischen
Die niedern kleinen Nebelwolken gingen

Und durch die Stille hin die immer frischen
Und immer fremden silberweißen Wasser
Der Fluß hinrauschen ließ – wie stieg das auf!

Wie stieg das auf! Denn allen diesen Dingen
Und ihrer Schönheit – die unfruchtbar war –
Hingab ich mich in großer Sehnsucht ganz,
Wie jetzt für das Anschaun von deinem Haar
Und zwischen deinen Lidern diesem Glanz!

INGEBORG BACHMANN

Erklär mir, Liebe

Dein Hut lüftet sich leis, grüßt, schwebt im Wind,
dein unbedeckter Kopf hat's Wolken angetan,
dein Herz hat anderswo zu tun,
dein Mund verleibt sich neue Sprachen ein,
das Zittergras im Land nimmt überhand,
Sternblumen bläst der Sommer an und aus,
von Flocken blind erhebst du dein Gesicht,
du lachst und weinst und gehst an dir zugrund,
was soll dir noch geschehen –

Erklär mir, Liebe!

Der Pfau, in feierlichem Staunen, schlägt sein Rad,
die Taube stellt den Federkragen hoch,
vom Gurren überfüllt, dehnt sich die Luft,
der Entrich schreit, vom wilden Honig nimmt
das ganze Land, auch im gesetzten Park
hat jedes Beet ein goldner Staub umsäumt.

Der Fisch errötet, überholt den Schwarm
und stürzt durch Grotten ins Korallenbett.
Zur Silbersandmusik tanzt scheu der Skorpion.
Der Käfer riecht die Herrlichste von weit;
hätt ich nur seinen Sinn, ich fühlte auch,
daß Flügel unter ihrem Panzer schimmern,
und nähm den Weg zum fernen Erdbeerstrauch!

Erklär mir, Liebe!

Wasser weiß zu reden,
die Welle nimmt die Welle an der Hand,
im Weinberg schwillt die Traube, springt und fällt.
So arglos tritt die Schnecke aus dem Haus!

Ein Stein weiß einen andern zu erweichen!

Erklär mir, Liebe, was ich nicht erklären kann:
sollt ich die kurze schauerliche Zeit
nur mit Gedanken Umgang haben und allein
nichts Liebes kennen und nichts Liebes tun?
Muß einer denken? Wird er nicht vermißt?

Du sagst: es zählt ein andrer Geist auf ihn …
Erklär mir nichts. Ich seh den Salamander
Durch jedes Feuer gehen.
Kein Schauer jagt ihn, und es schmerzt ihn nichts.

HEINRICH HEINE

Du bist wie eine Blume

Du bist wie eine Blume,
So hold und schön und rein;
Ich schau dich an, und Wehmut
Schleicht mir ins Herz hinein.

Mir ist, als ob ich die Hände
Aufs Haupt dir legen sollt,
Betend, daß Gott dich erhalte
So rein und schön und hold.

Else Lasker-Schüler

Weltende.

Es ist ein Weinen in der Welt,
als ob der liebe Gott gestorben wär,
und der bleierne Schatten, der niederfällt,
lastet grabesschwer.

Komm, wir wollen uns näher verbergen ...
Das Leben liegt in aller Herzen
wie in Särgen.

Du, wir wollen uns tief küssen ...
Es pocht eine Sehnsucht an die Welt,
an der wir sterben müssen.

STEFAN GEORGE

Es lacht in dem steigenden jahr dir

Es lacht in dem steigenden jahr dir
Der duft aus dem garten noch leis.
Flicht in dem flatternden haar dir
Eppich und ehrenpreis.

Die wehende saat ist wie gold noch ·
Vielleicht nicht so hoch mehr und reich ·
Rosen begrüssen dich hold noch ·
Ward auch ihr glanz etwas bleich.

Verschweigen wir was uns verwehrt ist ·
Geloben wir glücklich zu sein ·
Wenn auch nicht mehr uns beschert ist
Als noch ein rundgang zu zwein.

Freudvoll

Freudvoll
und leidvoll,
gedankenvoll sein,
Langen
und bangen
in schwebender Pein,
Himmelhoch jauchzend
zum Tode betrübt,
Glücklich allein
ist die Seele die liebt.

JOHANN WOLFGANG VON GOETHE

Froh empfind' ich mich nun

Froh empfind' ich mich nun auf klassischem Boden
      begeistert;
  Vor- und Mitwelt spricht lauter und reizender mir.
Hier befolg' ich den Rat, durchblättre die Werke der Alten
  Mit geschäftiger Hand, täglich mit neuem Genuß.
Aber die Nächte hindurch hält Amor mich anders
      beschäftigt;
  Werd' ich auch halb nur gelehrt, bin ich doch doppelt
      beglückt.
Und belehr' ich mich nicht, indem ich des lieblichen
      Busens
  Formen spähe, die Hand leite die Hüften hinab?
Dann versteh' ich den Marmor erst recht; ich denk' und
      vergleiche,
  Sehe mit fühlendem Aug', fühle mit sehender Hand.
Raubt die Liebste denn gleich mir einige Stunden des
      Tages,
  Gibt sie Stunden der Nacht mir zur Entschädigung hin.
Wird doch nicht immer geküßt, es wird vernünftig
      gesprochen;
  Überfällt sie der Schlaf, lieg' ich und denke mir viel.
Oftmals hab' ich auch schon in ihren Armen gedichtet,
  Und des Hexameters Maß, leise mit fingernder Hand,
Ihr auf den Rücken gezählt. Sie atmet in lieblichem
      Schlummer,
  Und es durchglühet ihr Hauch mir bis ins Tiefste die
      Brust.
Amor schüret die Lamp' indes und denket der Zeiten,
  Da er den nämlichen Dienst seinen Triumvirn getan.

JOHANN GOTTFRIED HERDER

Erlkönigs Tochter

Herr Oluf reitet spät und weit,
Zu bieten auf seine Hochzeitleut';

Da tanzen die Elfen auf grünem Land',
Erlkönigs Tochter reicht ihm die Hand.

«Willkommen, Herr Oluf, was eilst von hier?
Tritt her in den Reihen und tanz' mit mir.»

«Ich darf nicht tanzen, nicht tanzen ich mag,
Frühmorgen ist mein Hochzeittag.»

«Hör an, Herr Oluf, tritt tanzen mit mir,
Zwei güldne Sporne schenk ich dir.

Ein Hemd von Seide so weiß und fein,
Meine Mutter bleichts mit Mondenschein.»

«Ich darf nicht tanzen, nicht tanzen ich mag,
Frühmorgen ist mein Hochzeittag.»

«Hör an, Herr Oluf, tritt tanzen mit mir,
Einen Haufen Goldes schenk ich dir.»

«Einen Haufen Goldes nähm ich wohl;
Doch tanzen ich nicht darf noch soll.»

«Und willt, Herr Oluf, nicht tanzen mit mir;
Soll Seuch und Krankheit folgen dir.»

Sie tät einen Schlag ihm auf sein Herz,
Noch nimmer fühlt' er solchen Schmerz.

Sie hob ihn bleichend auf sein Pferd,
«Reit heim nun zu dein'm Fräulein wert.»

Und als er kam vor Hauses Tür,
Seine Mutter zitternd stand dafür.

«Hör an, mein Sohn, sag an mir gleich,
Wie ist dein' Farbe blaß und bleich?»

«Und sollt sie nicht sein blaß und bleich,
Ich traf in Erlenkönigs Reich.»

«Hör an, mein Sohn, so lieb und traut,
Was soll ich nun sagen deiner Braut?»

«Sagt ihr, ich sei im Wald zur Stund,
Zu proben da mein Pferd und Hund.»

Frühmorgen und als es Tag kaum war,
Da kam die Braut mit der Hochzeitschar.

Sie schenkten Met, sie schenkten Wein,
«Wo ist Herr Oluf, der Bräutgam mein?»

«Herr Oluf, er ritt' in Wald zur Stund,
Er probt allda sein Pferd und Hund.»

Die Braut hob auf den Scharlach rot,
Da lag Herr Oluf und er war tot.

JOHANN WOLFGANG VON GOETHE

Vollmondnacht

Herrinn! sag was heißt das Flüstern?
Was bewegt dir leis' die Lippen?
Lispelst immer vor dich hin,
Lieblicher als Weines Nippen!
Denkst du deinen Mundgeschwistern
Noch ein Pärchen herzuziehn?

    Ich will küssen! Küssen! sagt' ich.

Schau! Im zweifelhaften Dunkel
Glühen blühend alle Zweige,
Nieder spielet Stern auf Stern,
Und, smaragden, durchs Gesträuche
Tausendfältiger Karfunkel;
Doch dein Geist ist allem fern.

    Ich will küssen! Küssen! sagt' ich.

Dein Geliebter, fern, erprobet
Gleicherweis im Sauersüßen,
Fühlt ein unglücksel'ges Glück.
Euch im Vollmond zu begrüßen
Habt ihr heilig angelobet,
Dieses ist der Augenblick.

    Ich will küssen! Küssen! sag' ich.

Ich hab' die Nacht geträumet

Ich hab' die Nacht geträumet
wohl einen schweren Traum;
es wuchs in meinem Garten
ein Rosmarienbaum.

Der Kirchhof war der Garten,
das Blumenbeet ein Grab,
und von dem grünen Baume
fiel Kron und Blüten ab.

Die Blüten tät ich sammeln
in einen goldnen Krug;
der fiel mir aus den Händen,
daß er in Stücke schlug.

Draus sah ich Perlen rinnen
und Tröpflein rosenrot.
Was mag der Traum bedeuten?
Herzliebster, bist du tot?

JOACHIM RINGELNATZ

Ich habe dich so lieb

Ich habe dich so lieb!
Ich würde dir ohne Bedenken
Eine Kachel aus meinem Ofen
Schenken.

Ich habe dir nichts getan.
Nun ist mir traurig zu Mut.
An den Hängen der Eisenbahn
Leuchtet der Ginster so gut.

Vorbei – verjährt –
Doch nimmer vergessen.
Ich reise.
Alles, was lange währt,
Ist leise.

Die Zeit entstellt
Alle Lebewesen.
Ein Hund bellt.
Er kann nicht lesen.
Er kann nicht schreiben.
Wir können nicht bleiben.

Ich lache.
Die Löcher sind die Hauptsache
An einem Sieb.

Ich habe dich so lieb.

GOTTFRIED AUGUST BÜRGER

An die Menschengesichter

Ich habe was Liebes, das hab' ich zu lieb;
Was kann ich, was kann ich dafür?
D'rum sind mir die Menschengesichter nicht hold:
Doch spinn' ich ja leider nicht Seide, noch Gold,
Ich spinne nur Herzeleid mir.

Auch mich hat was Liebes im Herzen zu lieb;
Was kann es, was kann es für's Herz?
Auch ihm sind die Menschengesichter nicht hold:
Doch spinnt es ja leider nicht Seide noch Gold,
Es spinnt sich nur Elend und Schmerz.

Wir seufzen und sehnen, wir schmachten uns nach,
Wir sehnen und seufzen uns krank.
Die Menschengesichter verargen uns das;
Sie reden, sie tun uns bald dies und bald das,
Und schmieden uns Fessel und Zwang.

Wenn ihr für die Leiden der Liebe was könnt,
Gesichter, so gönnen wir's euch.
Wenn wir es nicht können, so irr' es euch nicht!
Wir können, ach leider! wir können es nicht,
Nicht für das mogolische Reich!

Wir irren und quälen euch Andre ja nicht;
Wir quälen ja uns nur allein.
D'rum, Menschengesichter, wir bitten euch sehr,
D'rum laßt uns gewähren, und quält uns nicht mehr,
O laßt uns gewähren allein!

Was dränget ihr euch um die Kranken herum,
Und scheltet und schnarchet sie an?
Von Schelten und Schnarchen genesen sie nicht.
Man liebet ja Tugend, man übet ja Pflicht;
Doch Keiner tut mehr, als er kann.

Die Sonne, sie leuchtet; sie schattet, die Nacht;
Hinab will der Bach, nicht hinan;
Der Sommerwind trocknet; der Regen macht naß;
Das Feuer verbrennet. – Wie hindert ihr das? –
O laßt es gewähren, wie's kann!

Es hungert den Hunger, es dürstet den Durst;
Sie sterben von Nahrung entfernt.
Naturgang wendet kein Aber und Wenn. –
O Menschengesichter, wie zwinget ihr's denn,
Daß Liebe zu lieben verlernt?

Wiederfinden

Ist es möglich, Stern der Sterne,
Drück' ich wieder dich an's Herz!
Ach! was ist die Nacht der Ferne
Für ein Abgrund, für ein Schmerz!
Ja du bist es! meiner Freuden
Süßer lieber Widerpart;
Eingedenk vergangner Leiden
Schaudr' ich vor der Gegenwart.

Als die Welt im tiefsten Grunde
Lag an Gottes ew'ger Brust,
Ordnet' er die erste Stunde
Mit erhabner Schöpfungslust,
Und er sprach das Wort: Es werde!
Da erklang ein schmerzlich Ach!
Als das All, mit Machtgebärde,
In die Wirklichkeiten brach.

Auf tat sich das Licht! sich trennte
Scheu die Finsternis von ihm,
Und sogleich die Elemente
Scheidend auseinander fliehn.
Rasch in wilden wüsten Träumen
Jedes nach der Weite rang,
Starr, in ungemess'nen Räumen,
Ohne Sehnsucht, ohne Klang.

Stumm war alles, still und öde,
Einsam Gott zum erstenmal!
Da erschuf er Morgenröte,
Die erbarmte sich der Qual;

Sie entwickelte dem Trüben
Ein erklingend Farbenspiel
Und nun konnte wieder lieben
Was erst auseinander fiel.

Und mit eiligem Bestreben
Sucht sich was sich angehört,
Und zu ungemess'nem Leben
Ist Gefühl und Blick gekehrt:
Sei's Ergreifen, sei es Raffen,
Wenn es nur sich faßt und hält!
Allah braucht nicht mehr zu schaffen,
Wir erschaffen seine Welt.

So mit morgenroten Flügeln
Riß es mich an deinen Mund,
Und die Nacht mit tausend Siegeln
Kräftigt sternenhell den Bund.
Beide sind wir auf der Erde
Musterhaft in Freud' und Qual,
Und ein zweites Wort: Es werde!
Trennt uns nicht zum zweitenmal.

ELSE LASKER-SCHÜLER

Ein Liebeslied

Komm zu mir in der Nacht – wir schlafen engverschlungen.
Müde bin ich sehr, vom Wachen einsam.
Ein fremder Vogel hat in dunkler Frühe schon gesungen,
Als noch mein Traum mit sich und mir gerungen.

Es öffnen Blumen sich vor allen Quellen
Und färben sich mit deiner Augen Immortellen . . . . .

Komm zu mir in der Nacht auf Siebensternenschuhen
Und Liebe eingehüllt spät in mein Zelt.
Es steigen Monde aus verstaubten Himmelstruhen.

Wir wollen wie zwei seltene Tiere liebesruhen
Im hohen Rohre hinter dieser Welt.

WALTHER VON DER VOGELWEIDE

Nemt, frowe, disen kranz

‹Nemt, frowe, disen kranz›:
alsô sprach ich zeiner wol getânen maget:
‹so zieret ir den tanz,
mit den schœnen bluomen, als irs ûffe traget.
het ich vil edele gesteine,
daz müest ûf iur houbet,
obe ir mirs geloubet.
sêt mîne triuwe, daz ichz meine.

Ir sît sô wol getân,
daz ich iu mîn schapel gerne geben wil,
so ichz aller beste hân.
wîzer unde rôter bluomen weiz ich vil:
die stênt niht verre in jener heide.
dâ si schône entspringent
und die vogele singent,
dâ suln wir si brechen beide.›

Si nam daz ich ir bôt,
einem kinde vil gelîch daz êre hât.
ir wangen wurden rôt,
same diu rôse, dâ si bî der liljen stât.
do erschampten sich ir liehten ougen:
doch neic si mir schône.
daz wart mir ze lône:
wirt mirs iht mêr, daz trage ich tougen.

‹Nehmt, Herrin, diesen Kranz›,
so sprach ich zu einer schönen Jungfrau,
‹so seid Ihr die Zierde des Tanzes,
mit den schönen Blumen, wenn Ihr sie aufhabt.
Hätt ich Edelsteine,
die müßten auf Euer Haupt,
Ihr könnt mir glauben.
Bei meiner Treue: ich meine es so.

Ihr seid so schön,
daß ich Euch gern mein Schapel geben will,
so gut ich es nur habe.
Weißer und roter Blumen weiß ich viele,
die stehn nicht fern auf jener Heide.
Wo sie schön aufblühen
und die Vögel singen,
da wollen wir beide sie brechen.›

Sie nahm, was ich ihr bot,
als ein Kind von edler Art.
Ihre Wangen wurden rot,
wie die Rose, da sie bei der Lilie steht.
Schamhaft wurden ihre hellen Augen,
doch verneigte sie sich schön.
Das ward mir zum Lohn –
wird mir mehr davon, so halt ich es verschwiegen.

Übersetzung von Max Wehrli

Wie er wolle geküsset sein

Nirgends hin als auf den Mund:
Da sinkt's in des Herzens Grund;
Nicht zu frei, nicht zu gezwungen,
Nicht mit gar zu fauler Zungen.

Nicht zuwenig, nicht zuviel:
Beides wird sonst Kinderspiel;
Nicht zu laut und nicht zu leise:
Bei dem Maß ist rechte Weise.

Nicht zu nahe, nicht zu weit:
Dies macht Kummer, jenes Leid;
Nicht zu trocken, nicht zu feuchte,
Wie Adonis Venus reichte.

Nicht zu harte, nicht zu weich,
Bald zugleich, bald nicht zugleich,
Nicht zu langsam, nicht zu schnelle,
Nicht ohn Unterscheid der Stelle.

Halb gebissen, halb gehaucht,
Halb die Lippen eingetaucht,
Nicht ohn Unterscheid der Zeiten,
Mehr alleine denn bei Leuten.

Küsse nun ein jedermann,
Wie er weiß, will, soll und kann!
Ich nur und die Liebste wissen,
Wie wir uns recht sollen küssen.

Das Spiegelbild

Schaust du mich an aus dem Kristall,
Mit deiner Augen Nebelball,
Kometen gleich die im Verbleichen;
Mit Zügen, worin wunderlich
Zwei Seelen wie Spione sich
Umschleichen, ja, dann flüstre ich:
Phantom, du bist nicht meines Gleichen!

Bist nur entschlüpft der Träume Hut,
Zu eisen mir das warme Blut,
Die dunkle Locke mir zu blassen;
Und dennoch, dämmerndes Gesicht,
Drin seltsam spielt ein Doppellicht,
Trätest du vor, ich weiß es nicht,
Würd' ich dich lieben oder hassen?

Zu deiner Stirne Herrscherthron,
Wo die Gedanken leisten Fron
Wie Knechte, würd ich schüchtern blicken;
Doch von des Auges kaltem Glast,
Voll toten Lichts, gebrochen fast,
Gespenstig, würd, ein scheuer Gast,
Weit, weit ich meinen Schemel rücken.

Und was den Mund umspielt so lind,
So weich und hülflos wie ein Kind,
Das möcht in treue Hut ich bergen;
Und wieder, wenn er höhnend spielt,
Wie von gespanntem Bogen zielt,
Wenn leis' es durch die Züge wühlt,
Dann möcht ich fliehen wie vor Schergen.

Es ist gewiß, du bist nicht Ich,
Ein fremdes Dasein, dem ich mich
Wie Moses nahe, unbeschuhet,
Voll Kräfte die mir nicht bewußt,
Voll fremden Leides, fremder Lust;
Gnade mir Gott, wenn in der Brust
Mir schlummernd deine Seele ruhet!

Und dennoch fühl ich, wie verwandt,
Zu deinen Schauern mich gebannt,
Und Liebe muß der Furcht sich einen.
Ja, trätest aus Kristalles Rund,
Phantom, du lebend auf den Grund,
Nur leise zittern würd ich, und
Mich dünkt – ich würde um dich weinen!

Heinrich Heine

Sie saßen und tranken am Teetisch

Sie saßen und tranken am Teetisch,
Und sprachen von Liebe viel.
Die Herren die waren ästhetisch,
Die Damen von zartem Gefühl.

Die Liebe muß sein platonisch,
Der dürre Hofrat sprach.
Die Hofrätin lächelt ironisch,
Und dennoch seufzet sie: Ach!

Der Domherr öffnet den Mund weit:
Die Liebe sei nicht zu roh,
Sie schadet sonst der Gesundheit.
Das Fräulein lispelt: Wie so?

Die Gräfin spricht wehmütig:
Die Liebe ist eine Passion!
Und präsentieret gütig
Die Tasse dem Herrn Baron.

Am Tische war noch ein Plätzchen;
Mein Liebchen, da hast du gefehlt.
Du hättest so hübsch, mein Schätzchen,
Von deiner Liebe erzählt.

Wolfram von Eschenbach

Sîne clâwen durch die wolken sint geslagen

‹Sîne clâwen   durch die wolken sint geslagen,
er stîget ûf mit grôzer craft,
ich sihe in grâwen   tägelîch, als er wil tagen,
den tac, der im geselleschaft
erwenden wil, dem werden man,
den ich mit sorgen în verliez.
ich bringe in hinnen, ob ich kan:
sîn manegiu tugent mich daz leisten hiez.›

‹Wahtær, du singest   daz mir manege vröude nimt
unde mêret mîne clage.
mære du bringest,   der mich leider niht gezimt,
iemer morgens gegen dem tage.
diu solt du mir verswîgen gar.
daz biut ich den triuwen dîn:
des lône ich dir als ich getar.
alsô belîbet hie der selle mîn.›

‹Er muoz et hinnen   balde und âne sûmen sich:
nu gib im urloup, süezez wîp.
lâze in minnen   hernâch sô verholne dich,
daz er behalte êr und den lîp.
er gab sich mîner triuwe alsô,
daz ich in bræhte ouch wider dan.
ez ist nu tac: naht was ez dô
mit druc an brust dîn kus mirn an gewan.›

‹Swaz dir gevalle,   wahter, sinc und lâ den hie,
der minne brâht und minne enpfienc.
von dînem schalle   ist er und ich erschrocken ie:
sô ninder morgenstern ûf gienc

129

ûf in, der her nâch minne ist komen,
noch ninder lûhte tages lieht,
du hâst in dicke mir benomen
von blanken armen, und ûz herzen nieht.›

Von den blicken,   die der tac tet durch diu glas,
und dô der wahter warnen sanc,
si muose erschricken   durch den der dâ bî ir was.
ir brüstelîn an brust si twanc.
der rîter ellens niht vergaz
(des wold in wenden wahters dôn):
urloup nâhe und nâher baz
mit kusse und anders gab in minne lôn.

‹Seine Klauen haben durch die Wolken geschlagen,
er steigt auf mit großer Kraft,
ich seh ihn grauen, taggleich, wie er tagen will,
den Tag, der die Gemeinschaft ihm
entziehen will, dem edlen Mann,
den ich hereingelassen mit Gefahr.
Ich bring ihn weg von hier, wenn ich es kann:
Sein hoher Wert hieß mich das tun.›

‹Wächter, du singst, was mir manche Freude nimmt
und meine Klage mehrt.
Kunde bringst du, die mir leider nicht willkommen,
immer morgens vor dem Tag.
Die sollst du mir durchaus verschweigen.
Das gebiete ich deiner Treue:
ich lohne es dir, wie ich es kann.
Und so bleibt hier mein Freund.›

‹Er muß von hinnen, bald und ohne Säumen:
Gib ihm nun Urlaub, süße Frau.
Laß ihn dich lieben hernach so verhohlen,
daß er die Ehre und das Leben bewahre.
Er hat auf meine Treue sich verlassen,
daß ich ihn auch zurückgeleite.
Es ist nun Tag: Nacht war es, als
du ihn von mir empfingst und küssend ihn umarmtest.›

‹Sing, Wächter, was du willst, und laß ihn hier,
der Liebe brachte und Liebe empfing.
Von deinem Schall sind er und ich stets erschrocken:
Wenn nirgends noch der Morgenstern aufging
über ihm, der hier zur Liebe kam,
und nirgends leuchtete des Tages Licht,
hast du ihn oft genommen mir
aus blanken Armen – aus dem Herzen nicht.›

Von den Blitzen, die der Tag durch die Scheiben warf,
und da der Wächter warnend sang,
mußte sie erschrecken für den, der bei ihr war.
Die Brüste preßte sie an seine Brust,
der Ritter vergaß nicht Manneskraft
(dran wollte hindern ihn des Wächters Lied):
der Abschied, nah und immer näher,
gab ihnen mit Kuß und anders den Lohn der Liebe.

Übersetzung von Max Wehrli

Frühlingsnacht

Über'n Garten durch die Lüfte
Hört' ich Wandervögel zieh'n,
Das bedeutet Frühlingsdüfte,
Unten fängt's schon an zu blüh'n.

Jauchzen möcht' ich, möchte weinen,
Ist mir's doch, als könnt's nicht sein!
Alte Wunder wieder scheinen
Mit dem Mondesglanz herein.

Und der Mond, die Sterne sagen's
Und in Träumen rauscht's der Hain
Und die Nachtigallen schlagen's:
Sie ist Deine, sie ist Dein!

WOLFRAM VON ESCHENBACH

Ursprinc bluomen, loup ûz dringen

Ursprinc bluomen, loup ûz dringen
und der luft des meigen urbort vogel ir alten dôn:
etswenn ich kann niuwez' singen,
sô der rîfe ligt, guot wîp, noch allez ân dîn lôn.
die waltsinger und ir sanc
nâch halben sumers teile in niemens ôre enklanc.

Der bliclîchen bluomen glesten
sol des touwes anehanc erliutern, swâ si sint:
vogel die hellen und die besten,
al des meigen zît si wegent mit gesange ir kint.
dô slief niht diu nahtegal:
nu wache abr ich und singe ûf berge und in dem tal.

Mîn sanc wil genâde suochen
an dich, güetlich wîp: nu hilf, sît helfe ist worden nôt.
dîn lôn dienstes sol geruochen,
daz ich iemer biute und biute unz an mînen tôt.
lâz mich von dir nemen den trôst,
daz ich ûz mînen langen clagen werde erlôst.

Guot wîp, mac mîn dienst ervinden,
ob dîn helfelîch gebot mich fröiden welle wern,
daz mîn trûren müeze swinden
und ein liebez ende an dir bejagen mîn langez gern?
dîn güetlich gelâz mich twanc,
daz ich dir beide singe al kurz oder wiltu lanc.

Werdez wîp, dîn süeziu güete
und dîn minneclîcher zorn hât mir vil vröide erwert.
maht du trœsten mîn gemüete?
wan ein helfelîchez wort von dir mich sanfte ernert.
mache wendic mir mîn clagen,
sô daz ich werde grôz gemuot bî mînen tagen.

Der Blumen Sprießen, des Laubs Hervordrängen
und die Maienluft verleihn den Vögeln ihre alte Weise:
ich kann manchmal Neues singen,
wenn der Reif liegt, edle Frau, noch ganz ohne deinen Lohn.
Die Waldsänger und ihr Lied
sind nach des Sommers Mitte in keinem Ohr mehr erklungen.

Wo immer sie sind, da wird der anhängende Tau
das Leuchten der blitzenden Blumen klarer machen:
die Vögel, die hellen und besten,
wiegen die ganze Zeit des Maien im Lied ihre Kinder.
Damals schlief die Nachtigall nicht:
wieder bin ich wach und singe in Berg und Tal.

Mein Lied will Gnade suchen
bei dir, liebliche Frau: nun hilf, da Hilfe not geworden.
Dein Lohn soll den Dienst vergelten,
den ich leiste – leiste bis zu meinem Tod.
Laß mich von dir Trost gewinnen,
daß ich erlöst werde aus meinen langen Klagen.

Edle Frau, kann meinem Dienst gelingen
– wenn deine Helfermacht mir Freude bringen will –,
daß mein Trauern schwinden und
mein langes Flehen liebes Ziel bei dir erjagen möge?
Deine liebliche Gestalt hat mich gezwungen,
daß ich dir singe, wie du willst, kurz oder lang.

Hohe Frau, dein süßes Wesen
Und dein reizender Zorn hat mir viel Freude verwehrt.
Wirst du trösten mein Gemüt?
Denn ein helfend Wort von dir rettet mich sanft.
Verscheuche mir mein Klagen,
so daß ich frohen Mutes werde noch in diesem Leben.

Übersetzung von Max Wehrli

Ritter Olaf

1

Vor dem Dome stehn zwei Männer,
Tragen beide rote Röcke,
Und der Eine ist der König
Und der Henker ist der Andre.

Und zum Henker spricht der König:
«Am Gesang der Pfaffen merk ich,
Daß vollendet schon die Trauung –
Halt bereit dein gutes Richtbeil.»

Glockenklang und Orgelrauschen,
Und das Volk strömt aus der Kirche;
Bunter Festzug, in der Mitte
Die geschmückten Neuvermählten.

Leichenblaß und bang und traurig
Schaut die schöne Königstochter;
Keck und heiter schaut Herr Olaf;
Und sein roter Mund, der lächelt.

Und mit lächelnd rotem Munde
Spricht er zu dem finstern König:
«Guten Morgen, Schwiegervater,
Heut ist Dir mein Haupt verfallen.

Sterben soll ich heut – O, laß mich
Nur bis Mitternacht noch leben,
Daß ich meine Hochzeit feire
Mit Bankett und Fackeltänzen.

Laß mich leben, laß mich leben,
Bis geleert der letzte Becher,
Bis der letzte Tanz getanzt ist –
Laß bis Mitternacht mich leben!»

Und zum Henker spricht der König:
«Unserm Eidam sei gefristet
Bis um Mitternacht sein Leben –
Halt bereit dein gutes Richtbeil.»

2
Herr Olaf sitzt beim Hochzeitschmaus,
Er trinkt den letzten Becher aus.
An seine Schulter lehnt
Sein Weib und stöhnt –
Der Henker steht vor der Türe.

Der Reigen beginnt, und Herr Olaf erfaßt
Sein junges Weib, und mit wilder Hast
Sie tanzen, bei Fackelglanz,
Den letzten Tanz –
Der Henker steht vor der Türe.

Die Geigen geben so lustigen Klang,
Die Flöten seufzen so traurig und bang!
Wer die beiden tanzen sieht,
Dem erbebt das Gemüt –
Der Henker steht vor der Türe.

Und wie sie tanzen, im dröhnenden Saal,
Herr Olaf flüstert zu seinem Gemahl:
«Du weißt nicht, wie lieb ich dich hab –
So kalt ist das Grab –»
Der Henker steht vor der Türe.

3

Herr Olaf, es ist Mitternacht,
Dein Leben ist verflossen!
Du hattest eines Fürstenkinds
In freier Lust genossen.

Die Mönche murmeln das Totengebet,
Der Mann im roten Rocke
Er steht mit seinem blanken Beil
Schon vor dem schwarzen Blocke.

Herr Olaf steigt in den Hof hinab,
Da blinken viel Schwerter und Lichter.
Es lächelt des Ritters roter Mund,
Mit lächelndem Munde spricht er:

«Ich segne die Sonne, ich segne den Mond,
Und die Stern, die am Himmel schweifen;
Ich segne auch die Vögelein,
Die in den Lüften pfeifen.

Ich segne das Meer, ich segne das Land,
Und die Blumen auf der Aue.
Und segne die Veilchen, sie sind so sanft
Wie die Augen meiner Fraue.

Ihr Veilchenaugen meiner Frau,
Durch Euch verlier ich mein Leben!
Ich segne auch den Holunderbaum,
Wo du dich mir ergeben.»

EDUARD MÖRIKE

Erstes Liebeslied eines Mädchens

Was im Netze? Schau einmal!
Aber ich bin bange;
Greif ich einen süßen Aal?
Greif ich eine Schlange?

Lieb ist blinde
Fischerin;
Sagt dem Kinde,
Wo greifts hin?

Schon schnellt mirs in Händen!
Ach Jammer! o Lust!
Mit Schmiegen und Wenden
Mir schlüpfts an die Brust.

Es beißt sich, o Wunder!
Mir keck durch die Haut,
Schießt's Herze hinunter!
O Liebe, mir graut!

Was tun, was beginnen?
Das schaurige Ding,
Es schnalzet da drinnen,
Es legt sich im Ring.

Gift muß ich haben!
Hier schleicht es herum,
Tut wonniglich graben
Und bringt mich noch um!

LUDWIG HEINRICH CHRISTOPH HÖLTY

Die Maynacht

Wenn der silberne Mond durch die Gesträuche blickt,
Und sein schlummerndes Licht über den Rasen geußt,
    Und die Nachtigall flötet,
        Wandl' ich traurig von Busch zu Busch.

Selig preis' ich dich dann, flötende Nachtigall,
Weil dein Weibchen mit dir wohnet in einem Nest,
    Ihrem singenden Gatten
        Tausend trauliche Küße giebt.

Überschattet von Laub, girret ein Taubenpaar
Sein Entzücken mir vor; aber ich wende mich,
    Suche dunkle Gesträuche,
        Und die einsame Thräne rinnt.

Wann, o lächelndes Bild, welches wie Morgenroth
Durch die Seele mir strahlt, find' ich auf Erden dich?
    Und die einsame Thräne
        Bebt mir heißer die Wang herab.

Die Liebe

Wenn ihr Freunde vergeßt, wenn ihr die Euern all,
   O ihr Dankbaren, sie, euere Dichter schmäht,
      Gott vergeb' es, doch ehret
         Nur die Seele der Liebenden.

Denn o saget, wo lebt menschliches Leben sonst,
   Da die knechtische jetzt alles, die Sorge zwingt?
      Darum wandelt der Gott auch
         Sorglos über dem Haupt uns längst.

Doch, wie immer das Jahr kalt und gesanglos ist
   Zur beschiedenen Zeit, aber aus weißem Feld
      Grüne Halme doch sprossen,
         Oft ein einsamer Vogel singt,

Wenn sich mählig der Wald dehnet, der Strom sich regt,
   Schon die mildere Luft leise von Mittag weht
      Zur erlesenen Stunde,
         So ein Zeichen der schönern Zeit,

Die wir glauben, erwächst einziggenügsam noch,
   Einzig edel und fromm über dem ehernen,
      Wilden Boden die Liebe,
         Gottes Tochter, von ihm allein.

Sei gesegnet, o sei, himmlische Pflanze, mir
   Mit Gesange gepflegt, wenn des ätherischen
      Nektars Kräfte dich nähren,
         Und der schöpfrische Strahl dich reift.

Wachs und werde zum Wald! eine beseeltere,
Vollentblühende Welt! Sprache der Liebenden
Sei die Sprache des Landes,
Ihre Seele der Laut des Volks!

Zu Bacharach am Rheine

Zu Bacharach am Rheine
Wohnt eine Zauberin,
Sie war so schön und feine
Und riß viel Herzen hin.

Und brachte viel zu Schanden
Der Männer rings umher,
Aus ihren Liebesbanden
War keine Rettung mehr.

Der Bischof ließ sie laden
Vor geistliche Gewalt –
Und mußte sie begnaden,
So schön war ihr' Gestalt.

Er sprach zu ihr gerühret:
«Du arme Lore Lay!
Wer hat dich denn verführet
Zu böser Zauberei?»

«Herr Bischof laßt mich sterben,
Ich bin des Lebens müd,
Weil jeder muß verderben,
Der meine Augen sieht.

Die Augen sind zwei Flammen,
Mein Arm ein Zauberstab –
O legt mich in die Flammen!
O brechet mir den Stab!»

«Ich kann dich nicht verdammen,
Bis du mir erst bekennt,
Warum in diesen Flammen
Mein eigen Herz schon brennt.

Den Stab kann ich nicht brechen,
Du schöne Lore Lay!
Ich müßte dann zerbrechen
Mein eigen Herz entzwei.»

«Herr Bischof mit mir Armen
Treibt nicht so bösen Spott,
Und bittet um Erbarmen,
Für mich den lieben Gott.

Ich darf nicht länger leben,
Ich liebe keinen mehr –
Den Tod sollt Ihr mir geben,
Drum kam ich zu Euch her. –

Mein Schatz hat mich betrogen,
Hat sich von mir gewandt,
Ist fort von hier gezogen,
Fort in ein fremdes Land.

Die Augen sanft und wilde,
Die Wangen rot und weiß,
Die Worte still und milde
Das ist mein Zauberkreis.

Ich selbst muß drin verderben,
Das Herz tut mir so weh,
Vor Schmerzen möcht ich sterben,
Wenn ich mein Bildnis seh.

Drum laßt mein Recht mich finden,
Mich sterben, wie ein Christ,
Denn alles muß verschwinden,
Weil er nicht bei mir ist.»

Drei Ritter läßt er holen:
«Bringt sie ins Kloster hin,
Geh Lore! – Gott befohlen
Sei dein berückter Sinn.

Du sollst ein Nönnchen werden,
Ein Nönnchen schwarz und weiß,
Bereite dich auf Erden
Zu deines Todes Reis'.»

Zum Kloster sie nun ritten,
Die Ritter alle drei,
Und traurig in der Mitten
Die schöne Lore Lay.

«O Ritter laßt mich gehen,
Auf diesen Felsen groß,
Ich will noch einmal sehen
Nach meines Lieben Schloß.

Ich will noch einmal sehen
Wohl in den tiefen Rhein,
Und dann ins Kloster gehen
Und Gottes Jungfrau sein.»

Der Felsen ist so jähe,
So steil ist seine Wand,
Doch klimmt sie in die Höhe,
Bis daß sie oben stand.

Es binden die drei Ritter,
Die Rosse unten an,
Und klettern immer weiter,
Zum Felsen auch hinan.

Die Jungfrau sprach: «Da gehet
Ein Schifflein auf dem Rhein,
Der in dem Schifflein stehet,
Der soll mein Liebster sein.

Mein Herz wird mir so munter,
Er muß mein Liebster sein! –»
Da lehnt sie sich hinunter
Und stürzet in den Rhein.

Die Ritter mußten sterben,
Sie konnten nicht hinab,
Sie mußten all verderben,
Ohn Priester und ohn Grab.

Wer hat dies Lied gesungen?
Ein Schiffer auf dem Rhein,
Und immer hat's geklungen
Von dem Dreiritterstein:

    Lore Lay
    Lore Lay
    Lore Lay

Als wären es meiner drei.

GOTTFRIED BENN

Wie lange noch

«Wie lange noch, dann fassen
wir weder Gram noch Joch,
du kannst mich doch nicht lassen,
du weißt es doch,
die Tage, die uns einten,
ihr Immer und ihr Nie,
der Nächte, die wir weinten,
vergißt du die?

Wenn du bei Sommerende
durch diese Landschaft gehst,
die Felder, das Gelände
und schon im Dämmer stehst,
ist es nicht doch die Leere,
das Dunkel, das du fliehst,
ist es nicht doch das Schwere,
wenn du mich garnicht siehst?

Die Falten und der Kummer
auf meinen Zügen tief,
das ist doch auch der Schlummer,
den hier das Leben schlief,
die eingeglühten Zeichen,
die Male dort und hier
sind doch aus *unseren* Reichen,
die litten *wir.*

Ja, gehst du denn zu Grabe,
daß es nun garnichts gibt,
so gehe – ach, ich habe
dich so geliebt,

doch ist es eine Wende,
vergiß auch nie,
es gibt ein Sommerende
und Nächte, die

das Herz umfassen
mit Gram und Joch
– die du verlassen,
sie atmen noch –
mit Schmerzen, hämmernden
Verlusten, wo
du suchst die dämmernden
Entfernten so!»

CONRAD FERDINAND MEYER

Stapfen

In jungen Jahren war's. Ich brachte dich
Zurück ins Nachbarhaus, wo du zu Gast,
Durch das Gehölz. Der Nebel rieselte,
Du zogst des Reisekleids Kapuze vor
Und blicktest traulich mit verhüllter Stirn.
Naß ward der Pfad. Die Sohlen prägten sich
Dem feuchten Waldesboden deutlich ein,
Die wandernden. Du schrittest auf dem Bord,
Von deiner Reise sprechend. Eine noch,
Die längre, folge drauf, so sagtest du.
Dann scherzten wir, der nahen Trennung klug
Das Angesicht verhüllend, und du schiedst,
Dort wo der First sich über Ulmen hebt.
Ich ging denselben Pfad gemach zurück,
Leis schwelgend noch in deiner Lieblichkeit,
In deiner wilden Scheu, und wohlgemut
Vertrauend auf ein baldig Wiedersehn.
Vergnüglich schlendernd, sah ich auf dem Rain
Den Umriß deiner Sohlen deutlich noch
Dem feuchten Waldesboden eingeprägt,
Die kleinste Spur von dir, die flüchtigste,
Und doch dein Wesen: wandernd, reisehaft,
Schlank, rein, walddunkel, aber o wie süß!
Die Stapfen schritten jetzt entgegen dem
Zurück dieselbe Strecke Wandernden:
Aus deinen Stapfen hobst du dich empor
Vor meinem innern Auge. Deinen Wuchs
Erblickt' ich mit des Busens zartem Bug.
Vorüber gingst du, eine Traumgestalt.
Die Stapfen wurden jetzt undeutlicher,
Vom Regen halb gelöscht, der stärker fiel.

Da überschlich mich eine Traurigkeit:
Fast unter meinem Blick verwischten sich
Die Spuren deines letzten Gangs mit mir.

Glückes genug

Wenn sanft du mir im Arme schliefst,
Ich deinem Atem hören konnte,
Im Traum du meinen Namen riefst,
Um deinen Mund ein Lächeln sonnte –
                      Glückes genug.

Und wenn nach heißem, ernstem Tag
Du mir verscheuchtest schwere Sorgen,
Wenn ich an deinem Herzen lag
Und nicht mehr dachte an ein Morgen –
                      Glückes genug.

Nachwort

Laß das Heiopopeio!
Aus Goethes *Egmont*

Die hundert beliebtesten deutschen Liebesgedichte –
das sind nach dem Auswahlprinzip dieser Sammlung
diejenigen Liebesgedichte, die am häufigsten in die
fünfzig populärsten Lyrikanthologien des 20. Jahrhunderts aufgenommen wurden.♥ Die Anordnung der Gedichte folgt dabei der Häufigkeit, mit der sie in den statistisch ausgewerteten Anthologien vertreten sind. Es
handelt sich also bei den Liebesgedichten in *Jeder Atemzug für dich* um jene, die bis heute den stärksten Anklang bei Herausgebern und dem großen Kreis ihrer
Leser gefunden haben. Wie groß dieser Kreis ist, läßt
sich anhand des Gedichts *Die Beiden* (1896) von Hugo
von Hofmannsthal annähernd abschätzen. Als ‹Nummer Eins› dieser Sammlung wurde es in jede dritte der
ausgewerteten Anthologien aufgenommen und somit
allein in diesen über zwei Millionen Mal gedruckt.
Doch was macht ein Gedicht eigentlich zu einem Liebesgedicht? Auf diese Frage werden wir keine Antwort im
Sinn einer trennscharfen Definition geben können, weil
schon der Begriff «Liebe» schillernd und vieldeutig ist.
Vielmehr lag unserer Auswertung ein alltägliches Vorverständnis von Liebe zugrunde, das schon weiter trägt,
als man gemeinhin glaubt. Es umfaßt so gegensätzliche
Gefühle wie Lust, Schmerz, Verlangen nach Sicherheit,
Unsicherheit, Bewunderung, Zweifel, Sehnsucht, Zuneigung, Gewohnheit und vieles mehr.

♥ Die Liste dieser Anthologien findet sich im Internet unter der
Adresse: www.jeder-atemzug.beck.de

Freilich kann man dieses Vorverständnis noch durch das Wissen um epochenspezifische oder individuelle Liebesvorstellungen erweitern und stößt dabei auf Ungewohntes und Fremdes. Und doch erstaunt immer wieder die Konstanz, mit der die genannten Gefühle in Gedichten verschiedenster Epochen zur Sprache kommen. Gerade wenn es um die Formulierungen von grundlegenden Bedürfnissen geht, wie das der Versicherung gegenseitiger Zuneigung, rücken Verse wie «Dû bist mîn, ich bin dîn» (Anonym; 12. Jh.), «Wie lieb' ich dich! / Wie blickt dein Auge! / Wie liebst du mich!» (Goethe, 18. Jh.) und «Wir träumten voneinander» (Hebbel, 19. Jh.) in unmittelbare Nachbarschaft. Solche Gemeinsamkeiten lassen sich in unserer Anthologie besonders gut entdecken, da die Gedichte nicht chronologisch angeordnet sind, sondern Vertreter unterschiedlicher Epochen nebeneinander stehen.

Jede Lyrikanthologie trägt gewollt oder ungewollt zur Kanonbildung bei. Eine Auswahl kann stets nur verhältnismäßig wenige Gedichte berücksichtigen, muß aber viele andere weglassen. So bildet sich im Laufe der Jahre eine Reihe von Gedichten heraus, die für gewisse Epochen oder einzelne Autoren als verbindlich angesehen und entsprechend populär werden. Schon der erste Blick in unsere Anthologie zeigt, daß jede große Epoche der deutschen Dichtung populäre Liebesgedichte hervorgebracht hat. Mittelalter, Barock und das Jahrhundert der Aufklärung sind insgesamt etwa gleich stark vertreten, wobei das Mittelalter mit drei Gedichten unter den ersten zehn herausragt.

Johann Wolfgang von Goethes Liebeslyrik bildet mit immerhin 15 Gedichten einen markanten Schwerpunkt. Hier wird es überraschen, daß neben den berühmten Gedichten aus Goethes «Geniezeit», also aus der ersten Hälfte der 1770er Jahre, auch vier Gedichte aus der nie sonderlich populären Gedichtsammlung *West-östlicher Divan* (1819) Eingang in viele Lyrikanthologien gefunden haben.

Goethes Liebeslyrik ist zwar häufig vertreten, doch mit *einzelnen* Gedichten übertreffen ihn andere Dichter an Popularität. Deren lyrisches Werk wurde viel stärker kanonisiert, als es bei dem breiten und vielgestaltigen Werk Goethes möglich gewesen wäre. Ein schlagendes Beispiel hierfür ist die häufige Aufnahme der *Sachlichen Romanze* (1928) von Erich Kästner: Wenn ein Liebesgedicht des Autors ausgewählt wurde, dann dieses. Mit anderer Liebeslyrik ist er in den ausgewerteten Anthologien so gut wie gar nicht vertreten.

Das 19. Jahrhundert hat den Großteil der populären Liebeslyrik beizusteuern. Hier ist es Eduard Mörike, heute wohl eher als der Autor des *Maler Nolten* (1832) bekannt, der mit besonders vielen Gedichten vertreten ist. Populärer sind allerdings einzelne Gedichte von August von Platen, Joseph von Eichendorff oder Clemens Brentano.

Die Jahrhundertwende und die erste Hälfte des 20. Jahrhunderts sind relativ stark vertreten. Bertolt Brecht, Else Lasker-Schüler und Ricarda Huch kommen zwar nur mit wenigen Beispielen vor, diese Gedichte aber scheinen sehr populär zu sein und gehören zum festen Kanon der Liebesdichtung. Hofmannsthals Gedicht *Die Beiden* hat es neben seiner rhythmisch-beschwingten Sprache und seiner prägnant geschilderten Situation wohl nicht zuletzt seiner Sonett-Form zu verdanken, daß es von besonders vielen Herausgebern in Lyrikanthologien aufgenommen wurde.

Was die Liebesdichtung der Nachkriegszeit betrifft, so macht sich die grundsätzlich eher abwartende Einstellung vieler Herausgeber von Lyrikanthologien bemerkbar. Bis sich neuere Gedichte durchgesetzt haben, die als verbindlich für eine bestimmte Zeit oder Schreibweise angesehen werden, dauert es in der Regel eine ganze Weile. Von vielen Herausgebern des 20. Jahrhunderts wird der Status des Mustergültigen lediglich Liebesgedichten von Ingeborg Bachmann und Gottfried Benn zuerkannt.

Daß einzelne Liebesgedichte so kontinuierlich in Anthologien aufgenommen wurden, überrascht angesichts der großen charakterlichen Unterschiede zwischen den verschiedenen Sammlungen. So scheinen sich inhaltliche Überschneidungen zwischen Felix Brauns traditionsbewußter Publikumsanthologie *Der Tausendjährige Rosenstrauch* und einer avantgardistischen Programmanthologie wie Walter Höllerers *Transit* von vornherein auszuschließen. Doch *ein* Gedicht haben sie tatsächlich gemein: Bertolt Brechts *Terzinen über die Liebe* (1928), in *Transit* unter seinem späteren Titel *Die Liebenden* abgedruckt. Neben *Erinnerung an die Marie A.* (1920) gehört dieses Gedicht Brechts zu den deutschsprachigen Liebesgedichten, die in kaum einer Lyrikanthologie fehlen.

Ist ein Gedicht in vielen Anthologien vertreten, bedeutet dies nicht unbedingt, daß es dem Leser immer in derselben Gestalt begegnet. Hierzu das Beispiel eines wahren ‹Chamäleons› unter den hier aufgenommen Gedichten: Eduard Mörikes *Peregrina*-Gedichte erschienen ursprünglich eingebettet in seinen *Maler-Nolten*-Roman, in dem sie noch einzelne Titel tragen. Später veröffentlichte sie Mörike selbst unter dem Zyklustitel *Peregrina* in einer neuen, numerierten Reihenfolge, in der sie auch in der vorliegenden Sammlung erscheinen: So können sie zusammenhängend als kleiner Liebesroman gelesen werden. Dieser vollständige Abdruck bildet jedoch eher die Ausnahme. Rudolf Borchardt wählte für seinen *Ewigen Vorrat deutscher Poesie* (1926) einzig das zweite Gedicht aus und betitelt es *Peregrina: Die Hochzeit.* In Ludwig Reiners' *Ewigem Brunnen* (1955) findet sich unter dem Titel *Peregrina* lediglich das erste Gedicht ohne Numerierung. In Theodor Echtermeyers / Benno von Wieses *Deutsche Gedichte* (1956) wurde lediglich das letzte Gedicht aufgenommen. Felix Braun präsentiert unter dem Titel *Peregrina* lediglich vier Gedichte aus dem Zyklus. Diese numeriert er eigenständig um, unter Ausschluß des dritten Gedichts («Ein Irrsaal kam in die Mondscheingärten …»).

Während Anthologien einem Gedichtzyklus wie *Peregrina* auf diese Weise einiges zugemutet haben, kamen andere Texte erst durch Lyriksammlungen zu ihrer Popularität als eigenständiges Gedicht. So ist Goethes *Freudvoll* eigentlich ein von Klärchen im Drama *Egmont* gesungenes Liebeslied, das nach und nach zu einem der anthologisch erfolgreichsten Liebesgedichte wurde. Doch letztlich tritt die Bedeutung aller Anthologien hinter ihren Gedichten zurück. Und diesen wünschen wir, daß «Laß das Heiopopeio!» – die spottende Antwort der Mutter auf Klärchens Lied – nicht die letzten Worte in Sachen Liebeslyrik bleiben.

Philip Laubach-Kiani und *Philip Ajouri*

Rechtenachweis

ANONYM: *Ich hab' die nacht geträumet*, aus: Deutsche Lyrik des Mittelalters. Ausgewählt, übersetzt und mit einem Nachwort von Max Wehrli © Manesse Verlag, Zürich 2001, S. 34 f.

INGEBORG BACHMANN: *Erklär mir, Liebe*, aus: Ingeborg Bachmann, Werke Bd. 1 © Piper Verlag GmbH, München 1978.

GOTTFRIED BENN: *Wie lange noch*, aus: Gottfried Benn, Sämtliche Gedichte. Klett-Cotta, Stuttgart 1998.

BERTOLT BRECHT: *Erinnerung an die Marie A.*, aus: Bertolt Brecht, Werke, Große kommentierte Berliner und Frankfurter Ausgabe, Band 11 © Suhrkamp Verlag Frankfurt am Main 1988. *Terzinen über die Liebe*, ebd., Band 14 © Suhrkamp Verlag Frankfurt am Main 1993

DER VON KÜRENBERG: *Ich zôch mir einen valken*, aus: Deutsche Lyrik des Mittelalters. Ausgewählt, übersetzt und mit einem Nachwort von Max Wehrli © Manesse Verlag, Zürich 2001, S. 42 f.

DIETMAR VON AIST: *Slâfest du, friedel ziere?* aus: Deutsche Lyrik des Mittelalters. Ausgewählt, übersetzt und mit einem Nachwort von Max Wehrli © Manesse Verlag, Zürich 2001, S. 62 f.

STEFAN GEORGE: *Du schlank und rein wie eine flamme, Es lacht in dem steigenden Jahr dir*, aus: Stefan George. Sämtliche Werke in 18 Bänden. Hrsg. v. der Stefan George-Stiftung, Stuttgart. *Du schlank und rein wie eine flamme*, Band 9: Das Neue Reich. Bearb. v. Ute Oelmann. Klett-Cotta, Stuttgart 2001. *Es lacht in dem steigenden jahr dir*, Band 4: Das Jahr der Seele. Bearb. v. Georg P. Landmann. Klett-Cotta, Stuttgart 1982.

RICARDA HUCH: *Du kamst zu mir, mein Abgott, meine Schlange; Wo hast du all die Schönheit hergenommen; Uralter Worte kundig kommt die Nacht*, aus: Ricarda Huch. Gesammelte Werke. Bd. 5 © 1971 by Verlag Kiepenheuer & Witsch Köln.

ERICH KÄSTNER: *Sachliche Romanze*, aus: Erich Kästner. Lärm im Spiegel © Atrium Verlag, Zürich und Thomas Kästner.

ELSE LASKER-SCHÜLER: *Ein alter Tibetteppich; Weltende; Ein Liebeslied*, aus: Else Lasker-Schüler, Gesammelte Werke, Band 1 © Suhrkamp Verlag Frankfurt am Main 1996.

BÖRRIES FREIHERR VON MÜNCHHAUSEN: *Ballade vom Brennesselbusch*. © Mohland Verlag, Goldebek.

Verzeichnis der Dichter und Gedichte

Inhalt

Aus dem Verlagsprogramm

Anthologien bei C.H.Beck

DIRK IPPEN (HRSG.)
Des Sommers letzte Rosen
Die 100 beliebtesten deutschen Gedichte
unter Mitwirkung von Philip Laubach-Kiani
85. Tausend. 6. Auflage. 2003. 192 Seiten.
Gebunden

LUDWIG REINERS (HRSG.)
Der ewige Brunnen
Ein Hausbuch deutscher Dichtung
Reich geschmückt von Andreas Brylka.
615. Tausend. 2003. 1024 Seiten mit zahlreichen
Abbildungen. Illustrierte Sonderausgabe auf der
Grundlage der zweiten, durchgesehenen und
erweiterten Ausgabe 1959.
Leinen

Verlag C.H.Beck

Biographien bei C.H.Beck

PETER-ANDRÉ ALT
Schiller
Leben–Werk–Zeit. Eine Biographie

Erster Band
2000. 737 Seiten mit 27 Abbildungen.
Leinen

Zweiter Band
2000. 686 Seiten mit 22 Abbildungen.
Leinen

NICHOLAS BOYLE
Goethe. Der Dichter in seiner Zeit

Band I: 1749–1790
3. Auflage. 2000. 885 Seiten mit 37 Abbildungen.
Leinen

Band II: 1790–1803
1999. 1115 Seiten mit 55 Abbildungen.
Leinen
Aus dem Englischen von Holger Fliessbach
1999. 1525 Seiten.
Leinen

Verlag C.H.Beck